Hartmut Schustereit

•

Lehrjahre – Über allgemeine Wehrpflicht und individuelles Studium zu Olims Zeiten

HARTMUT SCHUSTEREIT

Lehrjahre – Über allgemeine Wehrpflicht und individuelles Studium zu Olims Zeiten

Erfahrungsbericht

Bibliografische Information der Deutschen Nationalbibliothek
Die Deutsche Nationalbibliothek verzeichnet diese Publikation in der Deutschen Nationalbibliografie; detaillierte bibliografische Daten sind im Internet über http://dnb.d-nb.de abrufbar.

Rheinstraße 46, 12161 Berlin
Telefon: 0 30 / 76 69 99-0
www.frieling.de

ISBN 978-3-8280-3412-9
1. Auflage 2017
Umschlaggestaltung: Michael Beautemps

Printed in Germany

Inhalt

„Was gibt es Schöneres, als froh und ungebunden zu sein!" In diesen Worten drückte sich meine Grundstimmung aus. Ich hatte allen Grund zu jubilieren. Da ich mein Studium erfolgreich beendet hatte, hatte ich berechtigte Aussicht, den von mir erstrebten Beruf dort zu ergreifen, wo ich es wollte. Die Bewerbungsunterlagen hatte ich eingereicht und inzwischen den Termin für ein Vorstellungsgespräch erhalten.

Augenblicklich war ich ein zweites Mal eine Art Mulus. Mit diesem lateinischen Wort für Maultier war in früheren Zeiten ein Gymnasiast bezeichnet worden, der wegen des bestandenen Abiturs zwar kein Schüler mehr, doch wegen der noch nicht erfolgten Immatrikulation kein Student war. Er war sozusagen weder Fleisch noch Fisch.

Ich befand mich in einem anderen Zustand. Hatte der Mulus noch sein ganzes Studium vor sich, so hatte ich das meinige abgeschlossen und wartete darauf, ins Berufsleben eintreten zu können. Gerade deswegen genoß ich diese letzte freie Zeit vor dessen Beginn, die ich in meinem Elternhaus verbrachte, besonders.

Zu meinen Lieblingsbeschäftigungen gehörte die Lektüre in- und ausländischer Klassiker. Eines Tages las ich wieder einmal in einem der Meisterwerke meines bevorzugten Dichters Adalbert Stifter. In der „Mappe meines Urgroßvaters" heißt es, daß der „sanftmütige Obrist" durch eine „fast traurige und sündhafte Begebenheit" bewegt wird, alles Erlebte ehrlich darzulegen, so, wie es sich tatsächlich zugetragen hat. Dann wollte er das Geschriebene versiegeln und erst nach drei Jahren erneut lesen.

Ich hatte bereits weitergelesen, als sich mir der Gedanke aufdrängte, warum ich nicht etwas aus meinem bisherigen Leben schriftlich festhalten sollte. Nicht etwa als Reaktion auf ein Geschehnis, das den Oberst niedergedrückt hatte, sondern um später einmal auf das Jahrzehnt meiner nachschulischen Ausbildung zurückzuschauen und festzustellen, wie ich diese dann beurteilen würde.

Meine Lehrjahre, die mein Leben in akademischer Freiheit und vorher die Ableistung meines Wehrdienstes mit der Länge von drei Semestern umfaßt hatten, lagen so kurz zurück, daß ich noch nahezu alles gut im Gedächtnis hatte. Außerdem hatte ich augenblicklich genügend Muße, um es zu tun. Also – ans Werk!

Gebundenes Leben

Damals hat es die allgemeine Wehrpflicht gegeben, und ihr hatten die meisten Wehrpflichtigen genügt. Nur wenige hatten versucht, um deren Erfüllung herumzukommen. Galten doch die, die dies ohne überzeugende Gründe taten, nach seinerzeit vorherrschender Auffassung als Drückeberger oder gar als Feiglinge.

Diese Zeit stellte sich mir weiterhin als insgesamt positiv dar. Ich hatte – alles in allem – gute Vorgesetzte gehabt und auch eine Reihe getreuer Kameraden. Einigen von ihnen fühlte ich mich, über das allgemein Kameradschaftliche hinaus, freundschaftlich verbunden – auch noch nach dem Ende der Dienstzeit.

Grundausbildung

Auf dem Bahnhof meiner Garnisonsstadt angekommen, wurde ich mit den übrigen Rekruten auf einem kleinen Lastkraftwagen in die Kaserne am Rande der Stadt gebracht. Die erste dienstliche Handlung bestand darin, Essensmarken zu empfangen. „Ohne Mampf kein Kampf", wie sogleich gewitzelt wurde.

Nach dem Mittagessen erfolgten die Einkleidung, das Bettenbauen und dann auch schon das Abendessen – für mich zur Kaffeezeit, gab es dieses doch schon um fünf Uhr nachmittags. Dann hockte ich mit meinen Kameraden auf der Stube und harrte mit ihnen der Dinge, die da – vielleicht noch – kommen sollten. Unser Gruppenführer trat ein.

Unteroffizier Koch machte auf mich einen guten Eindruck. Wie ich später erfuhr, hatte es dieser trotz seiner jungen Jahre schwergehabt. Seine Eltern waren Domänenpächter in Mitteldeutschland – in Mecklenburg oder in Pommern – gewesen. Für die kommunistischen Machthaber im sogenannten „Arbeiter- und Bauernstaat" waren sie als „Großagrarier" Klassenfeinde. Das wirkte sich für ihren Sohn so aus, daß ihm trotz seiner Intelligenz verwehrt wurde, die höhere Schule zu besuchen. Zugleich wurde er damit der Möglichkeit beraubt, anschließend ein Studium zu absolvieren. So war er gezwungen, nach dem Grundschulabschluß einen handwerklichen Beruf zu erlernen.

Irgendwann entschloß er sich, in den freien Teil Deutschlands zu wechseln. Dort angekommen, verpflichtete er sich für eine Reihe von Jahren zum Dienst beim „Bund", wie man damals sagte. Gegen Ende seiner Dienstzeit legte er eine Begabtenprüfung ab und studierte erfolgreich an einer Pädagogischen Hochschule. – Dieser Unteroffizier war für mich ebenso „in Ordnung" wie die acht Kameraden der Gruppe, zu der ich während der Grundausbildung gehörte.

Wie sehr politische Ereignisse in den Alltag selbst von Mannschaftsdienstgraden hineinwirken konnten, zeigte sich an der Dauer der Dienstzeit. Sie war politisch umstritten gewesen. Den Soldaten wäre eine dreijährige Dienstzeit am willkommensten gewesen, doch diese war – darüber waren sich alle im klaren – nicht durchsetzbar; dann also zwei Jahre. Wenn es jedoch gar nicht anders ging, hielten sie achtzehn Monate gerade noch für vertretbar. Eine noch kürzere Dienstzeit galt von ihrem militärischen Standpunkt aus gesehen als sinnlos. Doch was bedeutete das schon! Bundeskanzler Adenauer erklärte, mehr als zwölf Monate könne er den Wählern nicht zumuten, und so kam es zur Wehrpflicht von einem Jahr.

Allerdings nicht für lange Zeit. Inzwischen hatte nämlich die – von den Machthabern in der DDR als „Republikflucht" bezeichnete – „Abstimmung mit den Füßen" für sie immer bedrohlichere Ausmaße angenommen. Sie meinten, sie nur durch den Bau einer Mauer durch ganz Deutschland eindämmen zu können, und so taten sie es.

Dies führte auf westlicher Seite sogleich zu Überlegungen, wie auf die neue politische Lage wirkungsvoll reagiert werden konnte. Nach einer denkbar kurzen Übergangsphase wurde die Wehrdienstzeit über fünfzehn auf achtzehn Monate verlängert.

Diese Entscheidung traf etliche meiner Kameraden, die gleich mir Reserveoffiziere werden wollten, hart. Sie hatten nach dem einen Jahr als Fahnenjunker abgehen wollen, um dann durch Wehrübungen Leutnant der

Reserve zu werden. Daraus wurde nichts, weil sie nun drei Monate länger, bis Ende Juni, dienen mußten.

Diejenigen von ihnen, die studieren wollten, waren besonders betroffen. Sie konnten sich für das Anfang Mai beginnende Sommersemester nicht immatrikulieren. Die vier Monate von Juli bis zum Beginn des Wintersemesters im November waren für sie verlorene Zeit. Für mich war diese Entwicklung der Dinge bedeutungslos, weil ich mich von vornherein auf achtzehn Monate verpflichtet hatte.

Nur in einer privaten Angelegenheit wirkte sich der Mauerbau für mich aus. Schon vor Monaten hatte mich eine Cousine, die mir immer besonders sympathisch gewesen war, zu ihrer Hochzeit eingeladen. Nach dem 13. August wurde es fraglich, ob ich meine Zusage wegen der verfügten eingeschränkten Urlaubsbestimmungen aufrechterhalten konnte.

Was war zu tun? Nun, ich konnte den Kompaniechef wegen Urlaub aus diesem besonderen Anlaß ja einmal „fragen, aber nicht bitten", wie mir mein Vater riet. Der Chef erwog meine Frage so wohlwollend, daß ich meinte, schon so gut wie Urlaub zu haben. Doch dann kam direkt aus dem Ministerium der Befehl, daß die Bereitschaftssoldaten, zu denen ich gehörte, nicht mehr aus der Kaserne durften. Da war natürlich auch der Kompaniechef machtlos.

Wie bedeutungslos, ja geradezu nichtig waren solche kleineren oder größeren Mißgeschicke, wenn ich dies bedachte: In zahlreichen Briefen wurde alles, was mich innerlich beschäftigte, mit und von meinen Eltern erörtert. Sorgfältig beantwortete ich ihnen nicht nur ihre vielen, sie sehr interessierenden Fragen, sondern berichtete ihnen auch von Dingen aus meinem Alltag. Manchmal hatte ich ihnen etwas, das mich besonders bewegte, zunächst gar nicht mitteilen wollen, es dann aber doch getan.

Die Reaktion der Eltern, insbesondere der Mutter, zeigte mir, daß wir trotz örtlicher Trennung innerlich voll miteinander verbunden waren und blieben. Dies zu wissen und stets von neuem zu erfahren, half mir sehr, Unmut, Verstimmungen, Kümmernisse und Ärger zu überwinden und immer wieder mein inneres Gleichgewicht herzustellen.

Ähnlich Positives ließ sich, wie ich im Laufe meines Lebens wiederholt festgestellt habe, in Freundschaften erfahren, die aus gegenseitiger Wertschätzung und vergleichbaren Grundanschauungen entstanden waren, oder in wirklich intakten Ehen. – „Jetzt nicht abschweifen", dachte ich. „Gedanken kehrt! Zurück zum Thema."

Ich wollte etwas nicht verdrängen, was mir so manches Mal unangenehm gewesen war. Oft war mir nämlich etwas dazwischengekommen, das mich hinderte, so ausführlich und vor allem so pünktlich wie gewollt zu schreiben.

Wie konnte ich regelmäßig zur Feder greifen, wenn auf einmal in einen Teil der Ausrüstung ebenso kurzfristig wie zeitraubend Namensschilder einzunähen waren oder wenn ein Kamerad Geburtstag hatte oder wenn etwas anderes – schon wieder! – unvermittelt angeordnet wurde?

Wenn ich mit etwas bis zum befohlenen Termin nicht ganz fertig geworden war, half mir mein kleines bißchen Glück, wie ich vergnügt nach Hause berichtete. Gerade bei einem solchen Appell, bei dem ich unweigerlich aufgefallen wäre und dann zum Nachappell hätte antreten müssen, war meine Stube nicht kontrolliert worden. Doch nur auf jenes solle ich mich nicht verlassen, hieß es im nächsten Brief von zu Hause mahnend.

Telefoniert wurde nur in Ausnahmefällen, weil es damals noch keinen Selbstwählferndienst gab. Es mußte ein „Amt" gewählt werden, und die Verbindung wurde hergestellt – oder auch nicht.

An ersten Wochenende mußte, wie ich meinen Eltern – dieses Mal umgehend – berichten konnte, die ganze Kompanie in der Kaserne bleiben, weil wir Rekruten noch keine Dienstausweise erhalten hatten. Als wir diese, zunächst als vorläufige, bekommen hatten, konnten wir jeden Abend nach Dienstschluß bis zum Zapfenstreich um 22.00 Uhr ausgehen, allerdings nur in Zivil. Wir hatten es ja noch nicht gelernt, in Uniform zu grüßen. Wenn die Grußabnahme durch den Bataillonskommandeur geklappt hatte, beabsichtigte ich, in Uniform nach Hause zu fahren, weil man mich dort gern so sehen wollte.

Die für mehr oder weniger alle so wichtige Frage, wann man am Wochenende nach Hause fahren konnte, spielte zunächst keine Rolle. Während der dreimonatigen Grundausbildung würde niemand, so hieß es, „Heimaturlaub" erhalten – oder, wie gemunkelt wurde, zu Pfingsten vielleicht doch? – Ein gewisser Ausgleich bestand darin, daß vom Bataillon die eine oder andere Fahrt in die weitere Umgebung, zu der man Angehörige mitbringen konnte, angeboten wurde.

Die Grundausbildung war anstrengend, doch ich befand mich in einer seelisch wie körperlich gleichermaßen guten Verfassung, hatten doch weder ich noch meine Kameraden das Gefühl, schlecht behandelt oder gar schikaniert zu werden. Auch war der Ton in der Kompanie ruhig. Es wurde kaum gebrüllt – ganz im Unterschied zu der Kompanie, in der ich anschließend meine Vollausbildung erhielt.

Entscheidend war das Verhalten des jeweiligen Kompaniechefs. Als mir in einem Brief von zu Hause einiges über das Geschimpfe ehemaliger Klassenkameraden mitgeteilt wurde – sie würden „sich wohl nicht zart genug angefaßt" fühlen –, sah ich für dieses einen anderen Grund.

Vielleicht, so antwortete ich, sind sie „in einer Einheit, deren Chef gleich mit Gewalttouren loslegt und nicht so vernünftig denkt wie unser Chef, der ja die Ansicht vertritt, daß eine schrittweise Heranführung an die Leistungsgrenze besser sei als z. B. sofortige Gewaltmärsche. Um beim Beispiel der Märsche zu bleiben: Wir werden bestimmt ebenso lange und schwierige Märsche wie die anderen Kompanien machen, doch nicht gleich zu Anfang, sondern im Laufe der Zeit."

„Hm", dachte ich, „da habe ich nach gerade einmal vierwöchigem Rekrutendasein doch schon die Richtigkeit der Vorgehensweise des Chefs erkannt". Ich nickte gedankenvoll. „Sie hat in mir nachgewirkt, nachdem ich selbst Vorgesetzter geworden bin, dann zum Vorteil für ‚meine' Rekruten." – Doch so weit war es längst noch nicht; zunächst war ich ja selbst noch einer.

Freundschaftliche Kontakte, die über das allgemein Kameradschaftliche hinausreichten, gab es nicht. Ich war für mich allein. Zu unterschiedlich war unser aller bisheriger Werdegang. Ich war der einzige Abiturient in der Gruppe. Alle anderen hatten ihren Grundschulabschluß und danach eine Lehre gemacht. Bei so unterschiedlichen Voraussetzungen gab es keine Gesprächsthemen, die alle gleichermaßen interessierten, und daher blieben die anderen unter sich.

Daß ich der einzige „Achtzehnmonatige" war, wirkte sich nicht störend aus. Auch sonst gab es keine Reibereien, obwohl die anderen nicht alle für die Bundeswehr waren. Wenn ich dies aus einzelnen Bemerkungen heraushörte – große Diskussionen hierüber gab es nicht –, sagte ich nichts. Durch meine ruhige Zurückhaltung kam ich mit allen meinen Kameraden gut aus.

Die Kaserne war erst in den dreißiger Jahren des zwanzigsten Jahrhunderts für ein Bataillon erbaut worden. Ihr Speisesaal war so bemessen, daß immer nur eine Kompanie Essen fassen konnte. Im Abstand von zehn oder fünfzehn Minuten rückte die nächste Kompanie an, weil inzwischen so viele Mann ihre Mahlzeit beendet hatten, daß die nächsten verköstigt werden konnten. Die Essenszeiten für die Kompanien wechselten wöchentlich, damit jede von ihnen einmal als erste essen konnte.

Immer gab es Nachzügler. Während sich der Speisesaal allmählich leerte, saßen weit verstreut noch einzelne, die sich beim langsamen Verzehr ihres Abendessens nicht stören ließen. Eines Abends ergab es sich, daß ich mein Tablett mit dem Geschirr fast gleichzeitig mit einem der anderen abgab.

Mit diesem Kameraden kam ich auf dem Rückweg in das Kompaniegebäude ins Gespräch. Auch Peter Quedlin wollte Reserveoffizier werden und hatte sich deswegen auf zwei Jahre verpflichtet. So, auf eine eher zufällige Weise, kam es zu einem ersten freundschaftlichen Umgang.

Zwar würden wir beide, wenn wir unser Ziel erreichten, zu gleicher Zeit zu Leutnanten befördert werden, doch gab es einen Unterschied. Während ich nach meinem einjährigen Pflichtwehrdienst ein halbes Jahr freiwillig weiterdiente, war Peter Quedlin sofort Freiwilliger. Deswegen bezog dieser von Anfang an ein Gehalt, ich hingegen erhielt für mein erstes Jahr einen Wehrsold von täglich zwei DM. Erst danach bekam ich ein Gehalt. Das war für mich jedoch unerheblich, weil ich ein ganzes Semester früher mit meinem Studium beginnen konnte. Dieser Gewinn an Zeit war für mich wichtiger als ein materieller.

Obwohl ich noch fast das ganze Jahr Grundwehrdienstleistender war, wurde ich in einer bestimmten Hinsicht bereits als Zeitsoldat geführt. Eines Tages wurde ich, gemeinsam mit zwei anderen, vom Kompaniechef in dessen Dienstzimmer vereidigt. Diese Maßnahme war notwendig geworden, weil man eine Bescheinigung über die Eidesableistung brauchte, um die zukünftigen Bezüge berechnen zu können.

Der alltägliche Dienst wurde von Zeit zu Zeit durch besondere Ereignisse unterbrochen wie die Besichtigung, durch die die Rekrutenzeit beendet wurde. Die Vorgesetzten waren zufrieden, und es gab Sonderurlaub. Dem einen Tag, den der Kommandeur gewährte, fügte der Chef einen weiteren hinzu.

Diese und andere freie Zeit nutzten ich und Peter Quedlin mit weiteren Kameraden zu gemeinsamen Gängen in die Stadt oder ins Theater, zu Spaziergängen oder kurzen Fahrten in die nähere Umgebung, in der Sehenswertes besichtigt wurde. Manchmal endeten die Unternehmungen mit dem Besuch eines Weinlokals, bei dem ausführlich alle möglichen Themen erörtert wurden.

Beim bloßen Flanieren und Diskutieren blieb es jedoch nicht, wie sich bei ernsten Anlässen zeigte. Am 17. Juni, dem damaligen Nationalfeiertag, gab es nicht den üblichen Dienst, sondern eine Feier im Rahmen der Kompanie. Ihr folgte abends eine des Ortsverbandes des Kuratoriums „Unteilbares Deutschland". Außer mir hatten sich aus meiner Kompanie über vierzig Mann freiwillig zur Teilnahme an dieser Veranstaltung gemeldet. Vom Versammlungsplatz zog man zu einer Höhe, wo der Vorsitzende des Kuratoriums eine gute Ansprache hielt. Dann wurde ein Holzstoß entflammt. Anschließend ging es unter Fackelschein und den Trommelwirbeln einer Musikgruppe der Grenzlandjugend zum Ausgangspunkt zurück.

Vollausbildung

Inzwischen war ich versetzt worden, um eine Vollausbildung zu erhalten. Der Unterschied zwischen meiner ehemaligen und meiner jetzigen Kompanie war deutlich, geradezu unüberhörbar. Wegen jeder Kleinigkeit wurde gebrüllt, vom Kompaniechef über den Spieß bis zum letzten Ausbilder. Allerdings hatte ich rasch bemerkt, daß dieser Hauptmann ganz erträglich war, wenn um ihn herum alles „zackig" und „schneidig" zuging. „Wenn's weiter nichts ist", dachte ich, „zackig kann ich auch sein", und verhielt mich entsprechend. – Manchmal empfand ich dessen Verhalten als komisch, so z. B., als dieser einen Mann anraunzte: „Warum grinsen Sie so dämlich?"

Der Mann nahm sofort strammste Haltung an und schmetterte: „Herr

Hauptmann, ich melde: Ich grinse nicht. Ich mache ein dienstfreudiges Gesicht."

„Frechheit", dachte ich und erwartete eine – beim Militär „Anschiß" genannte – ungehaltene Reaktion des Chefs. Der aber hatte offenbar so etwas hören wollen und bellte nur: „So? Gut! Weitermachen!"

Aus den sich ergebenden Situationen versuchte ich, für mich das beste zu machen. Für die Kompanie war Nachtausbildung angeordnet worden. Übungshalber sollte Alarm gegeben werden. Dies erschien mir als wenig sinnvoll, weil dieser üblicherweise vorher nicht angekündigt wird, sondern überraschend erfolgt. Außerdem stand er in keinem ersichtlichen Zusammenhang mit der Nachtausbildung als dem eigentlichen Übungszweck.

Nachdem der Alarm ausgelöst worden war, folgte etwas, das die Truppe als „Maskerade" bezeichnete und allgemein als Schikane empfand. Sie mußte sich blitzschnell umziehen und vor dem Block antreten. Dies wäre leichter hinzunehmen gewesen, wenn nicht das fast ununterbrochene Gebrüll gewesen wäre, das mich ziemlich störte. – Es gab also einen sehr realen Hintergrund, der mich veranlaßte, mich während dieser Zeit freiwillig zu einem vierundzwanzigstündigen Wachdienst zu melden.

Falls „zackiges" Verhalten zweckmäßig erschien, mimte ich es. Ich wollte trotz einwandfreier Dienstausübung nicht willkürlich angeblafft werden. An dem – für mich sehr interessanten – technischen Unterricht beteiligte ich mich so, daß der neue Gruppenführer meinen Namen als einen der ersten kannte.

Die Vollausbildung nutzte der Kompaniechef, immer wieder zu prüfen, wer in Frage kam, auf den ROA-Lehrgang kommandiert zu werden. So hielt er am 20. Juli eine kurze Feierstunde ab. Danach waren die am Vortage verteilten Kurzreferate, die sich in zeitlicher Reihenfolge auf dieses Ereignis bezogen, innerhalb von drei bis fünf Minuten vorzutragen. Besonderer Wert wurde auf freies Sprechen gelegt. Am Ende eines jeden Vortrags machte sich der Chef eine Beurteilungsnotiz.

Positive Einstellung zum Dienst, Mitdenken und rege Mitarbeit bewirkten, daß alle in dieser Kompanie zusammengezogenen Reserveoffiziersbewerber als „geeignet zum ROA" befunden wurden, zumal da auch die Sportleistungsprüfung zufriedenstellend verlaufen war.

Gelegentlich wurde etwas geübt, das nicht zum militärischen Alltag gehörte. Da in mehreren Bataillonen der Brigade Rekruten ausgebildet worden waren, sollten diese über tausend Mann öffentlich, im Rahmen eines Großen Zapfenstreiches, vereidigt werden. Die Einheit, der ich angehörte, stellte die Ehrenkompanie. Ich selbst wurde als Fackelträger eingesetzt.

Die Bewegungen, die für den Ablauf erforderlich waren, wurden so genau eingeübt, daß alles zufriedenstellend verlief. Die Zuschauer, viele Angehörige der Wehrpflichtigen und zahlreiche Bürger der Stadt, nahmen das militärische Schauspiel ebenso beeindruckt wie beifällig auf.

Danach gab es wieder den gewohnten militärischen Dienst. Da ich gern schwamm, hatte ich schon während meiner Schulzeit den DLRG-Grundschein erworben. Jetzt bot sich mir die unerwartete Gelegenheit, den Leistungsschein zu erlangen.

Die Möglichkeit dazu ergab sich zufällig durch einen „alten Krieger". Dieser, ein höherrangiger Jurist, hatte bald nach meiner Versetzung in die neue Kompanie mit einer Wehrübung begonnen. Er war in der Wehrmacht Fahnenjunker gewesen und übte jetzt, mehr als anderthalb Jahrzehnte später, mit diesem Dienstgrad. Offenbar lebte er immer noch so sehr in vergangenen Zeiten, daß es für ihn vermutlich das gesellschaftliche Nonplusultra darstellte, auf seiner Visitenkarte „Leutnant d. R." führen zu können.

Geschickt löste der Kompaniechef das Problem, wie er den Mitvierziger sinnvoll einsetzen konnte. Als Gruppenführer kam der wegen seines Alters nicht in Frage. Doch da er über den DLRG-Lehrschein verfügte, wurde ihm die Leitung der Schwimmausbildung mit der Maßgabe übertragen, möglichst viele Soldaten zu Lebensrettungsschwimmern mit entsprechendem Leistungsnachweis auszubilden. Diesen Auftrag erledigte er tadellos.

Der erste Lehrgang

Inzwischen war die Vollausbildung abgeschlossen worden. Die über fünfzig Reserveoffiziersbewerber, zu denen ich gehörte, wurden zu Gefreiten befördert und zur Teilnahme am ROA-Lehrgang abkommandiert.

Zu dem halben Dutzend weiterer Abiturienten, mit denen ich auf einer

Stube lag, gehörte auch Peter Quedlin. Sie alle waren, wie ich fand, nette Kerle. In den ersten Tagen hatten die Lehrgangsteilnehmer noch nichts auszustehen, weil sie von den Ausbildern erst „abgetestet“ wurden. Daher nutzten sie ihren Nachturlaub bis Mitternacht voll aus.

Doch dann ging‘s rund! Die in einem elterlichen Brief geäußerte Annahme, daß von den Abiturienten auch geistig erneut mehr zu arbeiten sei und sie langsam wieder an ihr eigentliches Metier herangeführt würden, erwies sich als viel zu optimistisch. Oft traten an die Stelle einer sachlich gerechtfertigten harten Ausbildung Schleiferei und Schikanen.

Das lag an den Ausbildern, angefangen beim Lehrgangsleiter, dem etwas selbstgefällig-eitel wirkenden Leutnant Born. Er übte kaum Dienstaufsicht aus, ja, er überließ die Führung des Lehrganges überhaupt weitgehend seinem Stellvertreter. So fiel Feldwebel Lamp Macht zu – eine Macht, die dieser weidlich nutzte und mißbrauchte.

Zu den Merkmalen, an denen jeder schlechte Vorgesetzte bald zu erkennen ist, gehört Parteilichkeit. Diese war bei Lamp bald festzustellen.

Einige Wochen nach Beginn des Lehrganges befahl der Kommandeur für ein Drittel der Lehrgangsteilnehmer Bereitschaftsdienst am Wochenende. Damit war es mit dem ständigen Wochenendurlaub vorbei. Nachdem der Lehrgang angetreten war, teilte der Leutnant dies mit. Dann überließ er es seinem Stellvertreter, diejenigen zu bestimmen, die den Bereitschaftsdienst zu übernehmen hatten.

Einem, wenn auch leisen, Murren begegnete der Feldwebel mit der Bemerkung: „Dieser Dienst muß gemacht werden. Diejenigen, die ich für dieses Wochenende einteile, können am darauffolgenden Wochenende nach Hause fahren.“

Dagegen ließ sich nichts einwenden. Doch was geschah eine Woche später? Feldwebel Lamp hielt nicht Wort, sondern griff sich erneut über zwei Drittel derjenigen, die bereits am letzten Wochenende befehlsgemäß in der Kaserne geblieben waren, und ließ sie wiederum dableiben.

Jemand meldete sich. Lamp, der wohl vermutete, daß jetzt Kritik laut werden würde, knurrte: „Was ist?“

„Herr Feldwebel, Sie haben doch am letzten Wochenende …“

„Halten Sie den Mund.“

„Aber Herr Feldwe–"

„Sie sollen den Mund halten!"

Gegen diese Willkür ließ sich nichts machen. Sie wirkte jedoch weiter, zumal da sie bei weitem nicht auf dieses einzige Mal beschränkt blieb.

Eines Abends machten einige Kameraden, die ein Vertrauensverhältnis verband, ihrem Unmut Luft. Es begann damit, daß einer von ihnen zufällig den Vornamen Lamps gehört hatte.

„Ich schlage vor, ihn in Ludwig Lump umzubenennen."

„Das sollten wir nicht tun. Es könnte auf den Betroffenen beleidigend wirken."

„Das bekommt der doch gar nicht mit."

„Mag sein. Dennoch empfehle ich, von ihm in abgekürzter Form, nämlich als ‚LuLu', zu sprechen."

„Das ist zu weibisch. Wir sollten ihn als ‚Lumpi' bezeichnen."

„Wie bitte? Ein ‚Lumpi' ist doch ein harmloses, niedliches, friedliches Hündchen; dann eher Lumpenhund, weil keine der anderen Eigenschaften auf Lamp zutrifft."

„Eben darum! Würde jemand, der uns von ‚Lumpi' sprechen hören sollte, vermuten, daß wir Ludwig Lamp meinen?"

„Nein, sicherlich nicht. Es bleibt also bei ‚krummer Hund', äh – bei ‚Lumpi'?"

Zunächst wurde allgemein zugestimmt, doch nachdem der Zorn verflogen war, meinten alle, daß es sich für sie nicht zieme, sich so unangemessen zu äußern. Dabei blieb es.

„Das war in Ordnung", dachte ich. Und später hat sich eine Gelegenheit ergeben, die es mir ermöglichte, den Typ auf meine Weise zu behandeln.

Es war an einem Kameradschaftsabend gewesen, den der Chef für seine Unteroffiziere angeordnet und an dem ich als wehrübender Leutnant teilgenommen hatte. An einer Tafel, deren eine Längsseite gegenüber der Tür war, saßen bereits mehrere Unteroffiziere. Ich nahm in der Mitte der anderen Seite Platz. Rechts und links neben mir waren je zwei Stühle frei. Da kam der Feldwebel Lamp und besetzte den rechten unmittelbar neben dem Offizier. „Strolch", dachte ich, „aber na ja, einmal Flegel – immer Flegel."

Ohne Lamp in irgendeiner Weise zu beachten, unterhielt ich mich lebhaft mit den Dienstgraden zu meiner Linken und auf der anderen Tischseite. Mit einem etwas bärbeißig wirkenden Oberfeldwebel, der mir direkt gegenübersaß, kam ich so sehr ins Gespräch, daß wir vereinbarten, unsere Züge im Gelände miteinander üben zu lassen, sobald sich die Gelegenheit dazu bot.

Den Feldwebel Lamp hingegen würdigte ich während des ganzen Abends weder eines Blickes noch Wortes. Ich übersah ihn völlig. Dieser brach sein Dauerschweigen erst, als es statthaft war zu gehen. Er fragte mich, ob er sich zurückziehen dürfe, was ich ihm durch ein Kopfnicken genehmigte.

Diese Mißachtung halte ich unverändert für richtig, weil ich mich, gedanklich zu den Zuständen im Lehrgang zurückkehrend, an einen ganz bestimmten Vorgang erinnerte. Dieser war viel gewichtiger als das zornige Abreagieren meiner Kameraden über Lamp. Der hatte nämlich unbedacht seine Disziplinlosigkeit erkennen lassen.

Eines Tages, als bei Temperaturen um null Grad ein eisiger Wind Schneeregen über den im Halbdunkel des Morgens angetretenen Lehrgang fegte, begann Lamp, vor der Front zu nörgeln: „Wir stehen hier und bibbern und warten. Doch der Kerl sitzt im Kasino und frißt die Brötchen."

Mochte der eine oder andere das auch so sehen – das Schweigen war keine Zustimmung, als die Lamp es auffassen mochte. In der Meinung, die allgemeine Stimmung getroffen zu haben, ließ er außer acht, welchen Eindruck seine Worte zwar nicht auf alle, wohl aber auf diejenigen machen mußten, die aus ihrer inneren Einstellung heraus Offizier werden wollten. – Wenn sich diese untereinander mit abgewogenen Worten kritisch über den Leutnant äußerten, war das etwas anderes, als wenn Lamp es tat. „Quod licet Jovi, non licet bovi", meinten sie, und ihre ohnehin schon gering gewordene Achtung ihm gegenüber sank weiter.

Bei solch einem Vorgesetzten war es nicht verwunderlich, daß sich die meisten Unteroffiziere wie wild gebärdeten. Bei den ständigen Appellen wurden einzelne Ausrüstungsgegenstände mit schärfsten Blicken auf ihre einwandfreie Beschaffenheit hin überprüft. Auch bei den Stubendurchgängen wurde nach kleinsten Versäumnissen gesucht. Zwei, drei streichholzkopfgroße Erdklümpchen an einem Schuhabsatz genügten bereits, den Ertappten auffallen zu lassen und zur erneuten Kontrolle tags darauf zu beordern.

Unangenehmer als dieser lästige Nachappell war der Minuspunkt, den man sich dabei einheimste. Die Ausbilder drohten des öfteren – und vor allem, wenn einer zu wiederholten Malen aufgefallen war –, damit, daß für den Betroffenen bald „der Erste des Monats“ sein werde.

Die Schikanen im Innendienst steigerten sich weiter bei der Ausbildung im Gelände. Das Kommando „MG-Feuer von vorn“, bei dem jeder sofort in Deckung zu gehen hatte, erfolgte meistens dann, wenn große Pfützen in der Nähe waren. Wurde beim abendlichen Appell auch nur eine winzige Erdkrume – meist als „junger Felsen“ bezeichnet – auf dem Arbeitsanzug gefunden, hieß es sofort: „*Frischer* Dreck ziert den Mann, morgen Nachappell mit sauberen Sachen!“

Als besonders niederträchtig empfand ich etwas, das sich nach dem Ausbildungszweck „Leben im Felde“ abgespielt hatte. Zunächst verlief alles normal. Rohes Fleisch wurde in große Blätter gewickelt, diese mit einer dicken Lehmschicht umgeben und dann am offenen Feuer gegart. Dazu gab es für jeden sogar eine Flasche Bier. Obwohl dieses Pils ungewöhnlich bitter war, trank ich es, weil ich sonst das mir zugeteilte faustgroße, fast vollständig aus Fett bestehende Stück nicht herunterbekommen hätte.

Gleich nach dem Essen ging es zurück – mit vollem Magen und im Laufschritt. Da das offenbar noch nicht genügte, hieß es, „ABC-Alarm!“ Kurzer Halt; nachdem die Schutzmasken aufgesetzt worden waren, wurde weitergerannt. Das ertrug mancher nicht, und hin und wieder brach der eine oder andere zusammen. Wieder hochgescheucht, wurden sie langsam hinter den anderen hergetrieben.

Als dies später einmal in einem etwas größeren Kreis berichtet wurde, tönte durch die allgemeine Entrüstung eine empörte Stimme: „Das haben Sie sich bieten lassen? Wie konnten Sie einen derartigen Verstoß gegen die Grundsätze der Inneren Führung überhaupt hinnehmen?“

„Der Inneren – bitte, was? Diesen Ausdruck und über das, was er beinhaltet, haben wir während des ganzen Lehrganges nie etwas gehört“, hielt ich dem progressiven Demokraten entgegen.

„Unglaublich! Aber Sie hätten sich doch beschweren können, ja müssen!“

„Natürlich. – Dazu zwei Bemerkungen, die weniger wichtige vorweg. Einer Beschwerde wäre möglicherweise stattgegeben worden. Ob –“

„Nur vielleicht?! Es kann gar nicht bezweifelt werden, daß dies geschehen wäre."

Ohne auf diese Unterbrechung einzugehen, fuhr ich fort: „Ob eine Beschwerde etwas bewirkt hätte, wäre fraglich gewesen. Sicher hingegen wäre die baldige Entfernung des Beschwerdeführers vom Lehrgang gewesen. Wieder einmal hätte sich die zynische, Recht verhöhnende Auffassung – ‚Wer sich beschwert, beschwert sich selbst' – als zutreffend erwiesen.

Selbstverständlich wäre der Beschwerdeführer mit einer so unverfänglichen Begründung ‚abgeschossen' worden, daß keinerlei Rückschlüsse auf den wirklichen Grund, seine Beschwerde, erkennbar gewesen wären."

„Kein Wunder bei diesen alten Wehrmachtunteroffizieren!"

„Irrtum Ihrerseits. Alle Ausbilder für diesen Lehrgang haben beim ‚Bund' angefangen. – Doch nun zu dem wichtigeren Punkt: Je schikanöser die Behandlung wurde, desto mehr steigerte sich bei uns der Wille, es ‚denen' zu zeigen. ‚Die kriegen uns nicht klein, die nicht!'" Dieses eiserne Wollen besaßen jedoch nicht alle.

Daher hatte ich mich gespannt gefragt, ob nicht einige bald vom Lehrgang „fliegen" würden. Übrigens lag es, wie ich deutlich sah, nicht immer an den Ausbildern, wenn jemand ging. Verschiedene „Herren" führten sich nicht so, wie es für einen ROB angemessen war. Erkannten diese wirklich nicht, welche negativen Folgen das für sie haben mußte?

Ihr Gemecker war aufschlußreich. So entrüsteten sie sich darüber, daß sie als Abiturienten zu einer Dienstleistung herangezogen wurden, die ihrem Niveau nicht entsprach. Denn wie alle anderen auch hatten diese Herrchen einen Speisesaal für das Kompaniefest einer Stabskompanie herzurichten.

Nicht genug damit, daß sie auf diese Weise den ganzen Sonnabendnachmittag beschäftigt waren, wurden sie auch noch um ein Uhr morgens geweckt, damit sie in, wie geplant, dreistündiger Arbeit den Saal wieder ausräumten.

„Ereifert euch nur", dachte ich, „euer Gehabe wird euch bei der Härteübung bald vergehen – wenn ihr dann noch da seid!"

Sechsunddreißig Stunden durchzuhalten, ohne während der ganzen Zeit zu essen und zu trinken, und nur anderthalb Stunden auf freier Erde zu schlafen, erforderte den vollen Einsatz eines jeden. Ich machte einige interessante Erfahrungen. Obwohl mir einige Male der Magen knurrte, verspürte ich weder wirklich Hunger noch Durst, selbst während des Rückmarsches in die Kaserne nicht.

Die Strecke dorthin betrug gut vierzig Kilometer und mußte ohne Karte querfeldein zurückgelegt werden. Ich bewältigte sie mit dem kleinen Trupp, den ich gemeinsam mit Quedlin und Vulpes, einem weiteren Freund, bildete. Unterwegs wurde uns einmal Mittagessen und etwas zu trinken angeboten, doch wir lehnten alles ab. Als einziges leisteten wir es uns, auf einer gefrorenen Steckrübe herumzukauen.

Später, bei unserer kleinen „Manöverkritik", meinte ich: „Wir drei sind wohl die einzigen gewesen, die auf dem Rückmarsch ehrlich gewesen sind und nichts zu sich genommen haben."

„Wahrscheinlich", entgegnete Karsten Vulpes, „doch unabhängig davon frage ich mich, ob wir uns vielleicht nicht selbst hätten verpflegen sollen und nur nicht darauf gekommen sind."

„Mag sein", erwiderte ich, „möglicherweise sollten wir noch in einer anderen Hinsicht von uns aus auf etwas kommen und sind auch darauf nicht verfallen."

„Nämlich?" fragte Quedlin.

„Überlegt doch einmal: Die ersten von uns waren schon nach viereinhalb Stunden in der Kaserne. Niemand schafft es, innerhalb so kurzer Zeit zu Fuß eine so große Strecke zurückzulegen, noch dazu bei voller Ausrüstung und immer durch unbekanntes Gelände, nicht über glatte Straßen!"

„Du hast recht", pflichtete mir Quedlin bei, „und hast den Grund genannt, aus dem wir viel länger gebraucht haben als die ersten."

„Ich bin mir sicher", warf Vulpes ein, „daß die sich – mal von diesem, ‚mal von jenem – den ganzen Weg über haben mitnehmen lassen, andere über weite Strecken."

Ich nickte. „Das wird wohl stimmen. Nur fragt es sich, was ich schon andeutete: Hätten wir es nicht genauso machen sollen? – Müßig zu fragen, wir haben es ja nicht getan. Nur: Fandet ihr es nicht merkwürdig, daß man uns mit einem Jeep anscheinend suchte und uns dann, als man uns aufgespürt hatte, die letzten Kilometer bis zum Truppenübungsplatz mitnahm?

Und daß man uns dann dort absitzen ließ, damit wir zu Fuß in die Kaserne einmarschieren konnten? Und noch etwas Seltsames: Weder sind die ersten belobigt noch sind wir ‚angebellt' worden, obwohl es doch sonst schon bei Kleinigkeiten ständig der Fall gewesen ist. Mir scheint, daß da irgendwie ein Türke gebaut worden ist."

„Ja!" stimmten mir die beiden anderen bei, „doch aus welchem Grund?"

„Das wird schwer herauszubekommen sein", erwiderte ich. „Doch warum sollen wir uns darüber den Kopf zerbrechen? Wir haben alles besser überstanden, als es mancher gedacht hat. Daher sollten wir jetzt etwas für die Regulierung unseres Flüssigkeitshaushaltes tun. Wer holt das Bier? – Füchslein!"

Allmählich näherte sich der Lehrgang seinem Ende. Es ging nur noch einige Male ins Gelände. Dann begann man, sich auf die Besichtigung vorzubereiten. Es waren alle zugelassen worden. Nur, überlegte ich, wie viele waren es noch, die alles durchgestanden hatten?

Von den anfänglich vierundfünfzig Lehrgangsteilnehmern waren nur zwei Dutzend übriggeblieben. Einige – nur wenige – der anderen waren wegen charakterlicher Bedenken, die sich aus ihrer inneren Einstellung zum Soldatischen und aus ihrem daraus folgenden Verhalten ergeben hatten, zu ihren Kompanien zurückgeschickt worden. Die weitaus meisten hatten die körperlichen oder seelischen Belastungen nicht ertragen und waren entweder abgelöst worden oder hatten sich von sich aus abgemeldet.

Fast alle bestanden die Besichtigung. Wir drei inzwischen gut befreundeten Kameraden feierten den gelungenen Abschluß mit einem gepflegten Essen und einer Flasche Wein. Unsere gute Laune steigerte sich durch die Aussicht, in wenigen Wochen Weihnachts- sowie Silvester-Dienstbefreiung zu erhalten. Frohgemut erörterten wir unsere nächste Zukunft.

Die beiden anderen wußten bereits, daß sie zu Beginn des neuen Jahres auf die an der Elbe gelegene, also nördlichste der drei Heeresoffiziersschulen kommandiert werden würden; diejenigen an der Leine und an der Isar lagen zu weit entfernt. Mir war eröffnet worden, daß ich in einer Kompanie meines alten Bataillons als Ausbilder und Gruppenführer eingesetzt werden würde. Das freute mich, konnte ich doch, bevor ich auf den Fahnenjunker-Lehrgang ging, erste Erfahrungen in Menschenführung sammeln.

Einsatzpause

Bald also würde ich selbst Vorgesetzter sein. Bereits jetzt stand für mich eines unumstößlich fest: Bei aller notwendigen Härte der Ausbildung würde ich meine Leute immer anständig behandeln. Zu deutlich war die Erinnerung an die Schikanen während des eben beendeten Lehrganges, als daß ich mir etwas anderes vornahm als dies.

„Warum eigentlich", fragte ich mich einmal, „haben sich viele Ausbilder so übel aufgeführt?" – Dies wurde mir erst später, mit zunehmender Lebenserfahrung, deutlich.

Wie überall, sind auch im militärischen Bereich die einzelnen unterschiedlich qualifiziert. Daher war es so manchem Vorgesetzten recht, wenn er bei passender Gelegenheit diejenigen, mit deren Leistungen er unzufrieden war, wenigstens für eine Zeitlang abschieben konnte. Wurde befohlen, Personal für einen bestimmten Zweck vorübergehend abzustellen, wurden daher nicht gerade die besten Leute abgeordnet. Das schien auch beim Leutnant Born der Fall gewesen zu sein.

Einer der wesentlichen Gründe für die oft rücksichtslose Behandlung der Untergebenen war durch das Fehlverhalten des Lehrgangsleiters bedingt. War es Führungsschwäche, Bequemlichkeit oder sonst irgend etwas – Leutnant Born übte so gut wie keine Dienstaufsicht aus. Daher konnten alle, denen der Sinn danach stand, ganz nach Belieben mit den Lehrgangsteilnehmern umspringen. Sie brauchten ja nicht zu befürchten, von ihm kontrolliert und gegebenenfalls zur Rechenschaft gezogen zu werden.

Dessen Verhalten war „höheren Ortes" anscheinend nicht ganz verborgen geblieben. Jahrzehnte später erfuhr ich zufällig, daß Leutnant Born als Oberstleutnant verabschiedet worden war, während Leutnant Garsten, dessen gleichaltriger Jahrgangskamerad im Bataillon, seine Laufbahn als Vier-Sterne-General beendet hatte. – Doch zurück zu den Anfängen.

Die Freude auf Weihnachts- *und* Silvester-Dienstbefreiung war verfrüht gewesen. Alle konnten sich nur für die eine oder andere entscheiden. Da wir drei Kameraden die erstere gewählt hatten, trafen wir uns unmittelbar nach den Festtagen wieder in der Kaserne.

Bereits am Vormittag des ersten Tages wurden wir zum stellvertretenden Kompaniechef gerufen, der uns eine Durchschrift des Lehrgangsnachweises aushändigte. Am späten Nachmittag wurden wir zum Bataillonskommandeur befohlen. Dieser kam jedem der bisherigen RO-Bewerber entgegen und gratulierte ihm durch Handschlag zur Ernennung zum RO-Anwärter. Wir waren jetzt an der schmalen Silberlitze am äußeren Rand unserer Achselklappen erkennbar.

Nach der förmlichen Gratulation unterhielt sich der Kommandeur mit jedem einzelnen für einige Minuten. Zu mir gewandt, sagte er: „Ich freue mich, daß noch einige ROA als Gruppenführer im Bataillon bleiben. Wir werden uns ja dann noch öfter sehen. Übrigens: Daß Sie nicht gleich – wie etliche Ihrer Kameraden – auf die HOS kommen, ist keine Benachteiligung. Es ist nur ein formaler Grund: Die zulässige Gesamtzahl an Lehrgangsteilnehmern ist erreicht gewesen. Und noch etwas: Fassen Sie Ihre Rekruten hart an. Zeigen Sie, was Sie während des Lehrgangs gelernt haben."

„Jawohl, Herr Oberstleutnant, das werde ich tun", antwortete ich und fügte in Gedanken hinzu: „Nicht nur hart, sondern auch gerecht."

Dann hörte ich, nur noch mit einem Ohr, wie der Kommandeur einen anderen ansprach: „Kommen Sie aus dem Osten? Ihr Name klingt ostpreußisch."

Als die Frage bejaht wurde, fuhr er fort: „Die Ostpreußen lieben ja gutes Essen und Trinken. Hatten Sie zu Weihnachten eine Gans?" Mehr vernahm ich nicht.

Nach diesem Auftakt verbrachten meine Kameraden und ich fast eine ganze Woche mit Nichtstun. Einen Tag Bereitschaft, einen Tag frei, das war alles. Man hätte uns wieder nach Hause schicken können – und sollen, wie alle meinten, doch man hatte wohl genügend Bereitschaftler haben wollen.

Vom letzten Tag des alten bis zum zweiten des neuen Jahres hatten Peter Quedlin, Karsten Vulpes und ich Bereitschaftsdienst. Am Silvesterabend saßen wir auf unserer Stube beisammen, die ich mit einigen Papierschlangen geschmückt hatte, und diskutierten. Bei einer Wendung des Gesprächs fragte ich: „Karsten, hat einer deiner Vorfahren seinen Namen latinisiert, sich also nicht mehr ‚Fuchs', sondern Vulpes genannt?"

„Ja."

„Dennoch haben wir ihn", lachte Quedlin, „auf dem Lehrgang ‚Füchslein' genannt, wenn wir unter uns waren."

„Warum nicht vulpecula, Pjotr?" konterte Füchslein, doch Quedlin zuckte nur mit den Schultern. Es gefiel ihm nicht, wenn er selbst anstelle seines Vornamens so oder auch Pietro, Pedro oder Pierre gerufen wurde.

Wir drei hatten uns mit einigen Flaschen Bier versorgt, die wir zur Kühlung an langem Garn aus dem Fenster gehängt hatten. Während ich mich mit drei Flaschen begnügte, hatten sich die beiden anderen mit je zwei mehr versehen. Als einer von ihnen seine vierte Flasche holen wollte, war diese ebenso wie die übrigen verschwunden. Sie konnten nicht gestohlen worden sein, weil der Raum, in dem wir saßen, im ersten Stock lag. Wie rätselhaft!

Wir lehnten uns aus dem geöffneten Fenster und sahen zahlreiche Scherben im Schnee liegen. Das Garn, an dem die Flaschen gehangen hatten, war durch Schneeregen aufgeweicht worden und hatte deren Gewicht nicht mehr halten können.

„Ich werde für Nachschub sorgen", erbot sich Füchslein, schnürte in die Kantine – und kam nicht wieder.

„Ich werde ihn suchen", sagte Quedlin und rückte ab. Auch er blieb verschwunden. Nun machte ich mich auf und trat aus der Unterkunft. Obwohl die Kantine am anderen Ende des großen Exerzierplatzes lag, vernahm ich Stimmengewirr. „Jetzt aus dieser frischen klaren Winterluft in die völlig verqualmte Kantine und sich das Gegröle mehr oder minder stark Angetrunkener mitanhören? – Nein."

So stand ich um Mitternacht allein im Neuschnee und dachte an meine Eltern. Ich blickte zum gestirnten Himmel hinauf. Wie war es doch mit diesem über einem und dem moralischen Gesetz in einem? Ich machte kehrt und begann, von niemandem gestört, über das zurückliegende Jahr nachzudenken.

Es war gut, erfolgreich, vorwärtsbringend gewesen, hatte mir die Mutter zum Jahreswechsel geschrieben. Zu den Erfolgen habe ich gewiß mein gutes Teil beigetragen, „und dennoch geht es nicht ohne den Segen Gottes. Laß uns also in diesem Sinne sorglos weiterschaffen, dann werden wir auch das Jahr 1962 meistern."

Außer dem Altjahresbrief hatte ich – rechtzeitig zu Silvester – ein Päckchen mit kleinen Delikatessen und einer heiteren Lektüre erhalten, über die ich mich besonders freute. Auf der beigelegten Neujahrskarte küßte ein hübsches Mädchen einen lächelnden Schneemann. In der Tat, es ging vorwärts – etwa auch auf diesem Gebiet?!

Gruppenführer

Natürlich ließ sich nicht vorhersagen, wie sich das Jahr entwickeln würde, doch sein äußerer Verlauf ließ sich bereits erkennen: Zunächst Gruppenführer, dann Kommandierung auf die HOS, erneut Gruppenführer, anschließend Kommandierung auf die Kampftruppenschule zum Fähnrich – Lehrgang und danach, die letzten Wochen, wieder in der Truppe. Im Herbst würde ich mit dem Studium beginnen.

„Welch eine Veränderung", dachte ich, „vor einem Jahr bereitete ich mich auf das Abitur vor, und jetzt ist meine aktive Dienstzeit bereits halb vorbei! In geistiger Hinsicht wird ihre zweite Hälfte sicherlich erheblich anspruchsvoller werden als die erste." Ich hatte richtig vermutet.

Zunächst gab es jedoch ein ganz anders geartetes „Problem": Wo sollten die Reserveoffiziersanwärter ihr Mittagessen einnehmen? – Nach einigen Streitigkeiten aßen sie in der Unteroffizierskantine. Zweimal in der Woche durften sie mit allen Offizieren des Bataillons im Offizierskasino essen, „Verzeihung, wollte sagen speisen (hi, hi)", konnte ich mich in einem Brief nicht enthalten zu ironisieren, weil ich mich drüber wunderte.

Anfang des Jahres wurde ich als Ausbilder in der Kompanie eingesetzt, zu der ich von meiner Stammkompanie abgeordnet worden war. Am ersten freien Wochenende blieb ich in der Kaserne. Ich wollte nicht gleich am ersten Tag meiner Zugehörigkeit zur neuen Kompanie nach Hause fahren. Außerdem wollte ich meine Rekruten nicht ganz allein lassen.

Das mußte ich bald darauf doch tun. Ein im Bataillon grassierender Virus hatte meinen Dienstgrad nicht respektiert und mich mit hohem Fieber heimgesucht. Meine Gruppe wurde je zur Hälfte anderen Gruppen zugeteilt. Deren Führer waren nicht gerade erfreut, zu ihren eigenen Leuten noch etliche hinzuzubekommen, und meine eigenen Rekruten waren es andererseits auch nicht. Sie waren inzwischen zu einer Gemeinschaft geworden, die so zusammenhielt, daß sie ihre Aufteilung als negativ empfanden und so bald wie möglich eine Gruppe wie bisher bilden wollten.

Ich lag noch im Revier, als eines Abends meine ganze Gruppe hereinmarschierte. Alle traten an mein Bett – keine schöne Lage für einen Vorgesetzten –, und der Kleinste und Unbekümmertste begann etwas verlegen: „Herr Gefreiter, wir haben gesammelt", brach ab und holte eine Halbliterflasche Rum hervor. Er reichte sie mir und sagte: „Wir alle wünschen Ihnen, daß Sie bald wieder gesund werden."

Da mußte ich doch etwas schlucken, um mir meine innere Bewegung nicht anmerken zu lassen. „Schon gut. Ich danke Ihnen. Sobald wir draußen sein werden, werde ich Sie scheuchen!" Ich knurrte dies in einem so kameradschaftlichen Ton, daß alle verstanden, wie es gemeint war.

Es dauerte nicht mehr lange, bis es zum erstenmal ins Gelände ging. Auch wenn ich meinem Grundsatz treu blieb, meine Rekruten nur zu Ausbildungszwecken zu „scheuchen", waren diese nachher „am Boden zerstört", desgleichen nach dem ersten Marsch von ungefähr zehn Kilometern ein, zwei Wochen später. Das alles war aber nur das Ungewohnte an der Sache, war es mir seinerzeit doch ebenso ergangen.

Auch wenn ich noch einen erheblichen Teil meiner Dienstzeit vor mir hatte, kümmerte ich mich schon um die Zeit danach. So fragte ich bei der Universität, an der ich mein Studium beginnen wollte, bereits jetzt um Informationsmaterial nach. Ich erhielt es umgehend.

Aktuell war mir etwas anderes wichtig. Meinen kurz bevorstehenden Geburtstag hätte ich gern zu Hause gefeiert. Da er auf einen Sonnabend fiel, stellte ich einen Antrag auf verlängerten Wochenendurlaub. Er wurde genehmigt.

Es war das erstemal, daß ich bereits am Freitag nach Dienstschluß nach Hause fahren konnte. Nach einem wieder einmal sehr schönen Wochenende mit der ganzen Familie sprach ich rückblickend davon, daß ich das oder vielmehr mein bißchen Glück gehabt habe. Am Sonnabend morgen war nämlich dem ganzen Bataillon der Wochenendurlaub gesperrt worden.

Dies lag – im wörtlichen Sinne des Wortes – an der Großwetterlage. In der vorangegangenen Nacht hatte eine Sturmflut viele Deiche an der Westküste zerstört, und das Bataillon war im Rahmen der Brigade und neben Luftwaffeneinheiten zum Katastropheneinsatz beordert worden.

Auch ich war gleich nach meiner Rückkehr mit meiner Gruppe eingesetzt worden. Ich erlebte etwas Unerwartetes. Mir war aufgefallen, daß einer der Panzergrenadiere, Morpel, untätig herumstand. Ich trat auf ihn zu und befahl ihm, den anderen beim Verfüllen der Sandsäcke oder bei deren Transport auf den Deich zur Einbruchsstelle zu helfen.

„Ich will nicht."

„Gehorsamsverweigerung!" durchfuhr es mich. Ich wiederholte meinen Befehl: „Gehen Sie wieder an die Arbeit!"

„Das will ich nicht."

Was war zu tun? Ich überlegte. Vorläufig festnehmen konnte ich den Ungehorsamen nicht, weil ich dienstgradmäßig dazu noch nicht befugt war. Außerdem hätte ein Mann zur Bewachung abgestellt werden müssen, was den Ausfall einer weiteren Arbeitskraft bedeutet hätte. Überdies: In dieser katastrophalen Lage konnte sich der Panzergrenadier nirgendwohin absetzen.

So blickte ich auf die Uhr und sagte: „In fünf Minuten arbeiten Sie wieder!" Dann ließ ich den Unbotmäßigen stehen und legte selbst wieder Hand mit an.

Nach kurzer Zeit spähte ich unauffällig in dessen Richtung. Sieh da, der war verschwunden. Nun suchte ich ihn mit den Augen unter den anderen, erblickte ihn jedoch nicht. Schließlich sah ich ihn doch noch: Er hatte versucht, hinter einem Anderthalbtonner in Deckung zu gehen.

Da sich im Augenblick nichts machen ließ, meldete ich den Vorgang nach Rückkehr in die Kaserne schriftlich.

Der Kompaniechef wandte bevorzugt zwei der verschiedenen Disziplinarstrafen an: Ausgangssperre oder Geldstrafe. Erstere verhängte er, wenn der zu Bestrafende an den Wochenenden wegen kurzer Entfernung immer schnell zu Hause sein konnte und dies nun nicht durfte. Ein weiter weg Wohnender erhielt eine Geldstrafe. Eine solche bekam Morpel. Sie traf ihn tief, entsprach sie doch der Höhe seines Wehrsoldes für anderthalb Monate.

Unmerklich achtete ich darauf, wie sich der Gehorsamsverweigerer fortan verhielt. Weiterhin widersetzlich? – Wenig wahrscheinlich, wenn man vom

Äußeren Morpels ausging, der von den anderen wegen seiner Dicklichkeit spöttisch Moppel genannt wurde. Dann schon eher hinterhältig? – Doch auch dies war nicht der Fall. Es geschah etwas ganz anderes. Nach der Bestrafung knickte Morpel zusammen, wurde ganz „klein und häßlich“ und „fuhr Rad“. Als er mich eines Tages unterwürfig fragte, ob er mir ein Bier aus der Kantine holen dürfe, wandte ich mich angewidert ab.

Von solch einem Einzelfall wie diesem abgesehen, hatte sich die Truppe bewährt und sich durch ihren Einsatz große Sympathien in der Bevölkerung erworben. Um ihn sichtbar zu würdigen, wurde ein Ehrenzeichen geschaffen. Es wurde allen verliehen, die im Kampf gegen die Fluten geholfen hatten. Ich ging allerdings leer aus, und zwar aus einem einfachen Grund.

In der Kompanie, in der ich als Ausbilder eingesetzt war, erhielt das Stammpersonal diese Auszeichnung, ich jedoch nicht. Ich gehörte ja nicht zu diesem, sondern war zur Dienstleistung in diese Kompanie abkommandiert worden.

In meiner Stammkompanie hingegen wurden nur diejenigen bedacht, die draußen eingesetzt gewesen waren. Dies ließ sich anhand der Verpflegungslisten leicht feststellen. Auf diesen wurde ich wegen meiner Verwendung in der anderen Kompanie natürlich nicht geführt.

Obwohl die Erinnerungsmedaille noch etliche Jahre nach der Katastrophe beantragt werden konnte, tat ich nichts, um sie zu erhalten. Mir lag nicht das Geringste daran, auf der „Heldenbrust“ ein Stückchen bunten Metalls oder Stoffs zu sehen.

Nachdem der Katastropheneinsatz beendet worden war, begann wieder die gewohnte militärische Ausbildung, die mit der Rekrutenbesichtigung abgeschlossen wurde.

Nun dachte ich an die zweite Gruppe, die ich nach bestandenem Fahnenjunker-Lehrgang geführt hatte. Ich hatte wiederum Rekruten auszubilden, und ich konnte daher vergleichen. Die neuen, zu denen drei Abiturienten gehörten, wirkten viel aufgeschlossener als die meiner ersten Gruppe. Vor allem deren sichtbar werdende Einstellung zum Dienst beurteilte ich als bedeutend besser als die der vormaligen.

Da Grundausbildungen sich letztlich gleichen, erinnere ich mich nicht mehr an Einzelheiten – bis auf eine. Es war eine Übung angeordnet worden, bei der auf einer Strecke von zwanzig Kilometern mehrere Aufgaben zu lösen waren. Das Besondere daran war, daß die Gruppen alles allein, d. h. ohne ihren jeweiligen Gruppenführer, bewältigen mußten. Die Ausbilder wurden bei den einzelnen Stationen als Kontrollposten eingesetzt.

Als meine Gruppe dort ankam, wo ich die Aufsicht führte, stellte der gerade anwesende Zugführer fest, daß sie mit ein oder zwei anderen bisher zur Spitzengruppe gehörte. Wenn sie so weitermachen würde, könnte sie es vielleicht sogar schaffen, die beste zu werden.

Mit dieser Möglichkeit hatte meine Gruppe nicht gerechnet. Jetzt packte sie der Ehrgeiz, und sie begann „ranzuklotzen". Sie holte alles aus sich heraus, und sie schaffte es! Ich freute mich, daß sie vom Kompaniechef entsprechend belobigt und mit Sonderurlaub belohnt wurde. Für mich war es interessant gewesen, unmittelbar mitzuerleben, wie selbst ganz „normale" Leute Überdurchschnittliches leisteten, wenn sie entsprechend motiviert waren.

Als Fahnenjunker auf der Offiziersschule

Zwischen meinen beiden Verwendungen als Gruppenführer war ich auf die Heeresoffiziersschule kommandiert worden. Beim Lehrgang kam ich gut mit, und der Dienst machte mir viel Spaß. Hinzu kam die rasche Beförderung aller Gefreiten ROA der Inspektion zu Fahnenjunkern. Aus diesem Anlaß schenkten mir meine Eltern Bachs Brandenburgische Konzerte.

Zunächst waren alle Lehrgangsteilnehmer zusammengefaßt gewesen, doch bald wurden sie wegen der unterschiedlichen Ausbildungsdauer für Berufs-, Zeit- und Reserve-Offizieranwärter auf verschiedene Inspektionen verteilt.

Hin und wieder verlief der Dienstalltag etwas anders als gewohnt. So besuchte eines Tages der Kommandeur der französischen Militärakademie St. Cyr die HOS. Er wohnte dem Unterricht in den Inspektionen und auch der Formalausbildung der Fahnenjunker bei. Als sie an ihm vorbeimarschierten, durchfuhr ihre Offiziere bei dem „Rührt euch, ein Lied" ein kurzer Schreck. Sie hatten, wie sie später ihren Fahnenjunkern erzählten, für einen Augenblick befürchtet, daß diese „Fern bei Sedan, dort auf der Höhe“ anstimmen könnten. Als sie dann einen anderen, unverfänglichen Text gehört hätten, hätten sie aufgeatmet.

Es kamen amerikanische Offiziere, die sich für den Taktikunterricht interessierten, während sich norwegische Journalisten gleich dutzendweise bei einem Unterricht aus dem Bereich der Inneren Führung einfanden. Zur Behandlung des Themas über Methode und Zielsetzung kommunistischer Propaganda war der Hörsaal in drei Gruppen aufgeteilt worden, von denen ich eine leitete.

Politischer Anschauungsunterricht wurde auch außerhalb der HOS betrieben. Nicht nur im wörtlichen Sinne, wie die Besichtigung der Zonengrenze an der Elbe, sondern auch im übertragenen Sinne. So nahmen aus der Inspektion etwa zwanzig Mann, vom Inspektionschef begleitet, am Vortrag eines Kriegsdienstverweigerers teil. Dieser sprach darüber, ob Wehrdienst heute noch einen Sinn habe.

Das Referat fand ich ziemlich unlogisch, doch gestand ich dem Vortragenden ein gewisses Maß an Zivilcourage zu, sah sich dieser doch einer großen Zahl von Kritikern gegenüber. In der Diskussion wurde er dann „in aller Form zur Brust genommen und am Boden zerstört“, wie die Kameraden anschließend zwar nicht sprachlich schön, doch sachlich zutreffend feststellten. Nach dem offiziellen Schluß der Debatte brachte ich den Kriegsdienstverweigerer in einem Gespräch unter vier Augen so weit, daß er sich unter bestimmten Umständen sogar mit der Waffe in der Hand verteidigen wollte.

Mit mehreren Kameraden nahm ich an einem Vortrag teil, den Atomwaffengegner veranstalteten. Sie riefen zur Teilnahme an ihren Ostermärschen auf. Doch da, aufs Ganze gesehen, nichts Besonderes geboten wurde, meldete ich mich während der Diskussion nicht zu Wort. Anschließend allerdings redete ich einer Mutter gut zu, ihren – anscheinend etwas labilen – Sohn dazu zu bewegen, seiner Wehrpflicht zu genügen.

Der Vortrag, den ein Zukunftsforscher während einer Versammlung von Atomwaffengegnern über den „neuen Menschen“ hielt, gefiel mir, nicht aber dessen persönliche Ansichten, die dieser danach zum besten gab. Ich beurteilte sie schlichtweg als „Mist“. – Wohl nicht zuletzt wegen des Bekanntheitsgrades des Referenten war das ostzonale Fernsehen anwesend und filmte kräftig, vor allem uns gutes Dutzend Fahnenjunker in Zivil, die wir mit unserem Inspektionschef anwesend waren.

Ein größerer Gegensatz zwischen dieser Veranstaltung und der tags darauf stattfindenden war kaum noch denkbar. Diese war ein Passionsgottesdienst für Soldaten, den ein Militärgeistlicher hielt. Doch nicht nur dienstlich, auch „privat" fand ich an dem einen oder anderen Sonntag den Weg in einen Gottesdienst.

Ständig zeigte es sich, wie abwechslungsreich diese Zeit war. Die Lehrgruppe veranstaltete einen Gesellschaftsabend, zu dem sie einen Elternteil der Fahnenjunker einlud. Dies war wohlbedacht. Falls der Vater gefallen war, galt die Einladung der Mutter.

Der Abend begann mit einer Cocktailparty, in deren Verlauf der Hörsaal, dem ich angehörte, seinen aus dem aktiven Dienst scheidenden Taktiklehrer verabschiedete. Es wurde gemunkelt, er habe den Dienst vorzeitig und unter Verzicht auf seine Bezüge quittiert. Als Grund wurden Differenzen dieses adeligen Oberstleutnants mit dem Minister genannt. Mochte dies zutreffen oder nicht – die Ablehnung des obersten Dienstvorgesetzten war deutlich aus den leise, doch deutlich gemurmelten Worten herauszuhören: „Es bestehen nun einmal unüberbrückbare gesellschaftliche Unterschiede zwischen einem Grafen als dem Nachfahren eines alten preußischen Adelsgeschlechtes und dem Sprößling eines bayerischen Fleischermeisters."

Im Verlauf der Stehparty hörte ich zufällig den Lehrgruppenkommandeur „Mmmüller" brummen und dann fragen: „Ist das ein passender Name für einen angehenden Reserveoffizier?"

Der neben ihm stehende Inspektionschef nahm Haltung an. „Herr Oberst, der Vater des Fahnenjunkers Müller, Oberleutnant Müller, ist vor Stalingrad geblieben."

„Wie? Das ist natürlich etwas anderes. – Fahnenjunker Müller, zu mir!"

Nachdem der offizielle Teil vorüber war, saßen Offiziere, Eltern und Fahnenjunker zwanglos bei einem Glas Sekt beisammen. Mein Vater und der Graf waren rasch ins Gespräch gekommen. Beide hatten, wie sich gleich anfangs herausstellte, in früheren Zeiten Reiterregimentern angehört. Und worüber sprechen Kavalleristen besonders gern? – Natürlich über Pferde. Sie unterhielten sich über sie und auch bei anderen Themen so gut, daß mir, den sie in ihr Gespräch miteinbezogen hatten, vor allem diese Stunde außerordentlich gut gefiel. Insgesamt gesehen, war es für mich ein „ausgezeichnet herrlicher Abend“, wie ich meine Empfindung etwas euphorisch ausdrückte.

Auch im kleineren Rahmen des Hörsaals wurde Geselligkeit gepflegt. Sie reichte von einem Kegel- bis zu einem Tanzabend. Ich hatte durch Bekannte in der Stadt, die anscheinend ein bißchen „Schicksal“ spielen wollten, ein Mädchen kennengelernt, das hier sein Studium beginnen wollte. Ich lud es ein, doch es konnte die Zusage wegen eines lädierten Fußes nicht aufrechterhalten. So erschien ich „unbeweibt“. Ich begnügte mich jedoch nicht damit, mich bei einer Flasche Wein zu „trösten“ und zu photographieren, sondern ich tanzte viel; auch mit der „Kommandeuse“, wie damals gelegentlich die Gattin des Kommandeurs mit leiser Ironie bezeichnet wurde.

Neben diesen mehr oder weniger dienstlichen Veranstaltungen gab es private, die ich entweder gemeinsam mit einem oder mehreren Kameraden oder allein unternahm. Das umfangreiche kulturelle Angebot wurde voll ausgenutzt. Opern-, Konzert-, Theater- und Kinoabende wechselten miteinander ab. Hinzu kam der Besuch kultureller Einrichtungen wie Museen und von Vorträgen an der Universität.

Gearbeitet wurde in einer Weise, die akademischen Gepflogenheiten glich. Die Freiheit an der HOS bestand in erster Linie nicht darin, daß man ausgehen konnte, soviel man wollte, sondern vor allem, daß man in dem erforderlichen Maße nach eigenem Ermessen arbeitete.

Es wurde nicht nur Unterricht erteilt, auch die Praxis kam nicht zu kurz. Die mehrtägige Gefechtsausbildung dauerte am zweiten Tag bis kurz vor Mitternacht. Während meine Kameraden bereits in die Schlafsäcke krochen, veranstaltete ich, wie ich mich schmunzelnd erinnere, ein Ein-Mann-Picknick bei Vollmond im Hochwald. Vor einen gefällten Baum, der mir als Bank diente, stellte ich meinen halbvollen Seesack und breitete auf ihm meine Verpflegung aus, die ich genüßlich verzehrte. Dazu trank ich eine Dose kaltes Bier, die ich vor dem Abmarsch in meinem Gepäck verstaut hatte. – Wenn das ein Vorgesetzter gesehen hätte! Nun, es war müßig, sich irgend etwas auszumalen, weil niemand etwas bemerkt hatte.

Am nächsten Tag endete die Ausbildung bereits mittags, weil die Rückfahrt so rechtzeitig angetreten wurde, daß Zeit für einen Eilmarsch blieb.

Mit voller Ausrüstung wurden in zwei Stunden fünfzehn Kilometer bewältigt. Die Marschgeschwindigkeit und die Hitze an diesem besonders warmen, schön sonnigen Tag bewirkten, daß so mancher „auf Vollballon“ lief. Es blieb nicht bei zahlreichen Blasen. In etlichen Fällen waren die Hacken bis aufs rohe Fleisch durchgescheuert. Doch was machte das schon! Nach der Rückkehr „bepflasterte“ man sich, duschte, zog sich Halbschuhe an und ging leicht beschuht abends zu einem Vortrag mit anschließender Diskussion.

Bei der Besichtigung oder vielmehr bei der Überprüfung der praktischen Kenntnisse auf dem Truppenübungsplatz gegen Ende des Lehrganges gehörte ich zu dem Drittel seines Hörsaals, das nicht inspiziert wurde. Ich fragte mich, ob das mit dem Eindruck des Inspektionschefs zusammenhing, den dieser von mir gewonnen hatte. Irgendwo unter meinen Unterlagen hatte ich nämlich einen von diesem verfaßten handgeschriebenen Zettel gefunden. Auf ihm stand, ich müsse schneller zu einem Urteil finden, sei – was offenbar schwerer wog – eine ausgeglichene und besonnene Persönlichkeit. Des weiteren war vermerkt worden, daß dies ein Urteil sei, das an der HOS selten vergeben werde.

Truppendienst und Fähnrich-Lehrgang

Mit der Rückkehr in die Truppe begann für mich das letzte Vierteljahr meiner Dienstzeit, zu dessen Beginn ich zum Fähnrich befördert wurde. Wegen meiner kurz bevorstehenden Kommandierung auf die Truppenschule beantragte ich, meinen Jahresurlaub vorher nehmen zu können. Er wurde mir genehmigt, wobei mir zwei Tage als Arbeitsbeschaffungsurlaub nicht auf diesen angerechnet wurden. So konnte ich an meinen zukünftigen Studienort fahren und bereits etliches vorbereiten.

Die Zeit für meinen Jahresurlaub war zwar durch dienstliche Belange bedingt, ermöglichte es mir jedoch zugleich, an einem „runden“ Stiftungsfest teilzunehmen, zu dem meine Eltern fuhren. Ich wurde sogar bereits aktiv, obwohl das nach den Statuten des Corps nicht möglich war. Voraussetzung für die Aufnahme war die vorher erfolgte Immatrikulation, und ich stand noch im aktiven Militärdienst. Doch wenn man Altherrensohn ist, geht es eben.

Die Kommandierungen des einen zur Truppe, des anderen auf einen Lehrgang waren für uns befreundete Kameraden immer wieder Anlaß, Abschied oder Wiedersehen zu feiern. Wir taten dies am Heimatstandort in unseren Stammlokalen, einem Café mit dem bezeichnenden Namen „Preußen", einem kurz „Piet" genannten Feinschmeckerrestaurant und einer „Gnomenkeller" heißenden Weinstube.

Auch auf diesem Lehrgang fand ich gute Kameraden. Mit den beiden anderen Fähnrichen, mit denen ich auf einer Stube lag, kam ich gut aus. Da einer von ihnen motorisiert war, unternahmen wir an mehreren Wochenenden längere Fahrten. Es war eine Art Leben im Felde: Verpflegung wurde mitgenommen, das mitgeführte Zelt wurde meist noch vor Sonnenuntergang entweder auf einem Campingplatz oder irgendwo im Gelände aufgeschlagen.

Die Tage waren ausgefüllt mit der Besichtigung zahlreicher sakraler und profaner Kulturdenkmäler, an denen diese Landschaft so reich ist. Abends saßen wir Kameraden am Ufer bald der Saale, bald des Mains und blickten beim Essen auf den Tag zurück. Während zwei von uns diesen bei einer Flasche Bocksbeutel ausklingen ließen, begnügte sich der Fahrer mit Apfelsaft. Nach der Rückkehr von der Fahrt konnte auch er sich gütlich tun.

Gebechert wurde auch aus ganz anderen Gründen, weil sich die Vergnügungen der einzelnen erheblich voneinander unterschieden. Eines Tages lud einer der Lehrgangsteilnehmer plötzlich den ganzen Hörsaal zu einem Umtrunk ein und nannte gleich den Anlaß hierfür.

„Mir ist ein Stein vom Herzen gefallen. Es hat sich – nach einigen Zitterwochen, ui, ui –", seufzte er theatralisch, „herausgestellt, daß ich doch nicht Vater werde. Das wollen wir feiern."

„Wir?" dachte ich. „Dies gehört eindeutig in den Privatbereich und geht deswegen niemanden etwas an. Wie kann man so etwas öffentlich breittreten und sich dadurch selbst derartig bloßstellen?"

Ich war nicht der einzige, der so oder ähnlich empfand. Als ich mich angewidert zurückzog, fiel mir auf, daß sich auch andere gleich mir unauffällig absetzten. Die Verhaltensweise des Einladenden unterschied sich so sehr von der eigenen Auffassung, daß kein Wert auf irgendeinen gesellschaftlichen Kontakt mit ihm gelegt wurde. Der „Feger" war jedoch in viel zu gehobener Stimmung, um etwas zu bemerken.

So blieb fortan jeder in seiner Welt. Für uns drei Kameraden bildeten die gemeinsam unternommenen Tagesfahrten den Ausgleich zum täglichen Dienst und zu den Nachtübungen, die ihren Abschluß in einer sechsunddreißigstündigen Härteübung fanden, die ich gut überstand.

Bald nach Abschluß des bestandenen Lehrganges endete mein aktiver Dienst. Doch bevor ich mich gedanklich meiner Studienzeit zuwandte, erinnerte ich mich an einige Begebenheiten, die mir aus meinem weiteren militärischen Werdegang im Gedächtnis geblieben waren.

Wenn man mit älteren Offizieren nach Dienstschluß im Kasino saß, kam es immer wieder vor, daß sie vom Weltkrieg sprachen, den sie als Frontoffiziere mitgemacht hatten. Eines Abends erzählte einer von ihnen ein Kampferlebnis, das ihn und die meisten anderen Soldaten seiner Einheit beinahe das Leben gekostet hätte.

„Es war gegen Ende 1944 an der Ostfront. Wir hatten eine stark befestigte Abwehrstellung aufgebaut. Der Angriff, den wir erwarteten, erfolgte bald. Mitten im Kampf fiel ein MG gerade an einer derjenigen Stellen aus, die besonders hart umkämpft wurden. Der MG-Schütze ging in Deckung und versuchte ebenso schnell wie ruhig –"

„Verzeihen Sie, Herr Major, daß ich Sie unterbreche", fiel ihm Oberleutnant Born ins Wort, „sagten Sie ruhig?"

„Ja. Einen Obergefreiten, der nach drei Jahren Rußlandkrieg immer noch lebt, kann wohl nichts mehr erschüttern. Rasch, mit sicheren Griffen versuchte er, den Schaden zu beheben.

Kaum hatten die Rotarmisten bemerkt, daß das Abwehrfeuer hier deutlich schwächer geworden war, konzentrierten sie ihren Angriff auf diesen Punkt. Einige der ersten, die sich an den Drahtverhau herangearbeitet hatten, legten ihre Waffen beiseite und begannen, mit nach vorn geschobenen Scheren den Stacheldraht zu zerschneiden. Nachdem sie das geschafft hatten, zogen ihn einige so weit auseinander, daß die anderen durch die Lücke stürmen konnten. Nur noch Sekunden, und im Nahkampf würde unsere Stellung aufgerollt werden.

Doch da hatte der Schütze die Ladehemmung beseitigt, brachte sein MG gedankenschnell in Stellung und schoß Dauerfeuer. Die Rotarmisten erlitten so furchtbare Verluste, daß sie den Angriff abbrachen – abbrechen mußten. Es gab niemanden mehr, der ihn hätte weiterführen können. Wir aber hatten überlebt."

Alle schwiegen. Da platzte Born mit der Bemerkung heraus: „Aber wir, Herr Major, wir sind Spähtrupp gelaufen in Turnschuhen und mit dem Spaten im Koppel."

„Ich habe wohl nicht recht gehört", fragte ich mich geringschätzig. „Es wird eine Situation geschildert, in der es auf Leben und Tod ging, und da plappert einer etwas von einer harmlosen Geländeübung bei vermutlich angenehmer Witterung?" Ich war so aufgebracht, daß ich mich nicht mehr daran erinnere, welche Antwort Born erteilt wurde. In meinen Gedanken entrüstete ich mich weiter: „Wie kann sich der – nicht ‚mein'! – ehemaliger Lehrgangsleiter nur so blamieren!"

Im Laufe der Jahre wurden die Unterhaltungen seltener, in denen ältere Offiziere im Kasino über Kampfhandlungen berichteten, an denen sie im Weltkrieg unmittelbar beteiligt gewesen waren. Im Biwak auf den Truppenübungsplätzen während meiner Wehrübungen ergaben sich keine Gelegenheiten, darüber zu sprechen. Daher erinnere ich mich an etwas anderes.

Im Biwak

Als ich eines Tages Offizier vom Dienst (OvD) war, hatte ich darauf zu achten, daß der Zapfenstreich eingehalten wurde. Kurz vorher machte ich mich auf den Weg zur Kantine, um dort nach dem Rechten zu sehen. Schon von weitem war aus dem lauten Stimmengewirr zu schließen, daß die Mannschaft zwar längst ihre Bettschwere erreicht hatte, jedoch nicht darauf gekommen war, die Trinkerei rechtzeitig zu beenden.

Mit einem kräftigen Ruck riß ich die Kantinentür auf, aus der sofort verbrauchte, von Alkoholdunst und Tabakqualm gesättigte Luft strömte. Der kalte Luftzug ließ den Kantinenpächter, der gerade einen Stiefel füllte, kurz aufblicken. Als er den OvD sah, schien er hinter dem großen Glas in Deckung gehen zu wollen.

Ich trat auf den Tresen zu, blieb stehen und musterte schweigend die drei oder vier Mann, die sich kaum noch auf den Hockern halten konnten. Einer von ihnen schaute auf, starrte in den Spiegel hinter dem Tresen und zuckte zusammen. Trotz seines glasigen Blickes hatte er den Stahlhelm tragenden Offizier und die silberne Kordel erkannt. Beim Herabgleiten stieß er seine Kameraden an und machte sich aus dem Staub. Als sie seinen warnenden Stoß mit dem Ellenbogen verstanden hatten, taten sie es ihm nach.

Gerade als ich mich nun einem Tisch näherte, auf den die Karten nur so geschmettert wurden, blickte einer der Spieler zur Theke. „Sollen wir hier verdursten?" schimpfte er, indem er nach dem erwarteten Stiefel Ausschau hielt. Doch statt seiner sah er in Augenhöhe nahe vor sich ein Koppelschloß und rechts davon ein Pistolenhalfter. „Achtung!" murmelte er den anderen zu, indem er mit seinem benebelten Kopf in dessen Richtung deutete. Fast gleichzeitig standen alle auf und setzten sich so schnell ab, daß der Tisch leer war, bevor ich ihn erreicht hatte.

Hatten bei meinem Eintreten alle so laut durcheinandergeschrien, daß kaum jemand sein eigenes Wort verstand, wurde es jetzt schnell immer leiser. Denjenigen, die im hinteren Teil des Raumes saßen, fiel die plötzliche Stille auf. Der Grund wurde ihnen sogleich klar. „Nichts wie weg!" lautete die Parole, und im Nu war der Raum völlig leer.

Nachdenklich ging ich in mein Quartier zurück. Was war das eben gewesen? Während des ganzen Vorganges hatte ich kein einziges Wort gesprochen. Allein mein Auftreten hatte genügt, daß binnen kürzester Frist Ruhe eintrat. – Ja, in mir hatte sich eben militärische Macht verkörpert, die so stark gewesen war, daß ihr alles widerspruchslos gehorchte.

Wie leicht konnte derartige Macht mißbraucht werden! Mir fiel ein Beispiel aus dem Ersten Weltkrieg ein.

In einem Dorf im Osten Frankreichs, das von deutschen Truppen besetzt war, war eine Jagdfliegerstaffel stationiert gewesen. Die Offiziere waren in dem nahegelegenen Schloß untergebracht, in dessen einem Flügel der Comte mit seiner Familie nach wie vor wohnte. Staffelkapitän war ein adliger Rittmeister, der allgemein „Der Rote Baron" genannt wurde, nicht etwa wegen einer politischen Gesinnung, sondern wegen des roten Farbanstrichs seines Fokker-Dreideckers.

Eines Tages bemerkte der Freiherr, daß der Schloßherr verbittert wirkte. Er erkundigte sich nach dem Grund und erfuhr folgendes: Vor mehreren Wochen hatte das Dorf einen neuen Ortskommandanten erhalten. Zunächst hatte sich dieser Gefreite korrekt verhalten, doch dann war ihm seine Machtfülle so zu Kopf gestiegen, daß er sich immer herrschsüchtiger aufführte und die Dorfbewohner schikanierte.

Als der Rittmeister dies gehört hatte, befahl er den Ortskommandanten unverzüglich zu sich. Dieser erschien hoch zu Roß. Als er in den Schloßhof trabte, schauten einige Fliegeroffiziere zufällig aus dem Fenster. Sie erheiterten sich unsäglich über das, was sich ihren Blicken darbot. Der Herr Gefreite war – man lebte ja nicht umsonst in Frankreich! – von einer solchen Körperfülle, daß er fast schon wie eine uniformierte Karikatur wirkte. Sein Hengst ‚Rosinante' war fast ebenso wohlgenährt. „Sieh da", spottete ein gertenschlanker Leutnant, „gleich zwei Etappenhengste auf einmal!"

Sich seiner Würde als weisungsbefugter Vertreter der Militärverwaltung voll bewußt, meldete sich der Ortskommandant beim Rittmeister. Dieser donnerte ihn derartig an, daß er sich anschließend, nur mühsam einen Rest militärischer Haltung wahrend, in sein Dienstgebäude zurückschleppen konnte und in sich ging.

Wie oft habe ich in späteren Jahren erfahren, welche negativen Folgen Machtmißbrauch zeitigte. Ich hatte sie mehrfach selbst erlebt, nicht nur im militärischen, sondern ebenso im zivilen Bereich, d. h. immer dort, wo in einer Hierarchie Leute tätig waren, die als Vorgesetzte weder in fachlicher noch charakterlicher Hinsicht hinreichend qualifiziert waren. – Doch jetzt noch einmal gedanklich zurück zu meiner Militärzeit.

Chef-Lehrgang

Nach mehreren Wehrübungen und der Beförderung zum Oberleutnant nahm ich an einem Lehrgang teil, in dem Reserveoffiziere für die Tätigkeit als Kompaniechef ausgebildet wurden. Ich wurde allerdings nicht auf die

Kampftruppenschule, sondern auf die Schule der Technischen Truppen kommandiert. Mir wurde gesagt: „Auch wenn Sie Panzergrenadier sind, können Sie als ‚Grüner' bei den ‚Blauen' teilnehmen, weil der inhaltliche Schwerpunkt auf juristischem Gebiet liegt. Der Kompaniechef ist Disziplinarvorgesetzter und muß über entsprechende Rechtskenntnisse verfügen."

Aus diesem Grund lernte ich eine Truppengattung kennen, deren Tätigkeit mir bisher unbekannt gewesen war. Sie war für mich so interessant, daß ich es nicht bedauerte, diesen Lehrgang bei ihr gemacht zu haben.

An eine Episode erinnere ich mich besonders. Ein Artillerieoffizier unterrichtete über die verschiedenen Arten des Munitionstransportes und fragte, wer sie ihm nennen könne. Die Versorger schwiegen, doch ich meldete mich. Ich wurde aufgerufen und nannte die erste dieser Transportmöglichkeiten.

„Richtig!" rief der Oberstleutnant. Dann wandte er sich an die Versorger. „Wenn einer dies nicht zu wissen braucht, dann ist das der Panzergrenadier. Aber gerade der weiß es und nicht Sie, die Sie es wissen sollten. – Und die zweite Art?" fragte er mich.

Meine Antwort kam prompt.

„Das ist doch nicht zu fassen!" Der Waffenoffizier, der möglicherweise irgendwelche Vorbehalte gegen die „Blauen" hatte, explodierte und begann, sie mit einem verbalen Trommelfeuer so „zusammenzufalten", daß diese innerlich zu kochen anfingen. Dann fragte er mich gespannt: „Kennen Sie auch noch die dritte Art?"

„Ja. Es ist –"

Ein knallartiges Geräusch erschütterte den Hörsaal plötzlich so sehr, daß der Artillerist zusammenfuhr. Was war geschehen?

Die Versorger waren über seinen Anpfiff derartig aufgebracht, daß sie alle mich genauestens beobachteten. Im Fach unter meinem Pult lag nichts, und auf es hatte ich demonstrativ meine Unterarme gelegt. Als ich, die Frage beantwortend, meine Augen hob, folgten sie meinem Blick – und brachen in ein donnerndes Gelächter aus. Einige prusteten so los, daß ihnen Tränen über die Wangen liefen und sie nur noch mit ausgestrecktem Arm und Zeigefinger auf die Wand hinter dem Artilleristen deuten konnten.

Verständnislos blickte der sich um. Er sah nur die drei Tafeln, die dort immer hingen, je einen Meter breit und zwei Meter lang. Auf ihnen waren die verschiedenen Arten der Munitionsbeförderung aufgelistet.

Sie waren für alle deutlich sichtbar, doch ich hatte sie als einziger beachtet. Mir bis eben völlig unbekannt, hatte ich sie jetzt dauerhaft gelernt. Lakonisch meinte ich: „Für einen Panzergrenadier ist es lebens-, ja überlebenswichtig, das Vorfeld so genau wie möglich zu beobachten."

„Gewiß, gewiß!" entgegnete der Artillerist kurz. – Als ihm gegen Ende dieser Unterrichtsstunde eine recht schwierige Frage sachgerecht beantwortet wurde, fragte er mit leisem Mißtrauen: „Ist die Lösung hier irgendwo angeschrieben?"

Etwas anderes fällt mir jetzt ein. Eines Abends hatten mich meine beiden Stubenkameraden gefragt, ob ich mit ins Kino gehen wolle. Ich verneinte.

„Ich will heute mehrere Briefe schreiben. – Warum wollt ihr jetzt schon abrücken? Es ist doch noch viel zu früh."

„Keineswegs. Wir wollen vorher kurz bei Schallun-Drauch vorbeigehen, nur auf ein Bier. Er hat den Hörsaal anläßlich seiner Verlobung dazu eingeladen."

„Ich bleibe dennoch hier. Ich habe keinen Kontakt zu ihm und würde mir etwas merkwürdig vorkommen, wenn ich jetzt bei ihm auftauchen würde – nur, weil es Freibier gibt. Geht nur, viel Vergnügen!"

Zwischen zwei Briefen ging ich einige Male den langen Flur auf und ab, um mir etwas Bewegung zu verschaffen. Da öffnete sich eine Tür, und ein Lehrgangsteilnehmer trat heraus.

„Ah, wieder einer auf dem Weg zum Bier, wenn auch recht spät."

„Irrtum. Ich habe etwas anderes vor."

„Warum sind Sie nicht dort? Was veranlaßt Sie, nicht auf das Wohl der Frau Braut zu trinken?"

Fragend sah ich ihn an.

„Ach so, Sie wissen es nicht. In spätestens sechs Wochen wird sie ‚ausklinken'."

Grinsend entfernte sich der Sprecher. Diesen Ausdruck für „niederkommen" hatte er von einem Luftwaffen-Kameraden gehört und fand ihn so komisch, ja geradezu so „bombig", daß er ihn verwendete, sobald sich ihm eine Gelegenheit dazu bot.

Ich schrieb immer noch, als meine Stubennachbarn zurückkamen.

„Schon wieder hier? Ihr habt euch wohl einen Kurzfilm angesehen?"

„Wir waren nicht im Kino, sondern kommen direkt aus der Kantine."

„So? Ihr wolltet doch nur auf einen Sprung vorbeischauen."

„Ja. Aber wir waren die einzigen, die gekommen waren, und wir wollten Schallun-Drauch nicht den ganzen Abend allein sitzen lassen."

Nachdenklich blickte ich sie an. „Dies ist ein Augenblick, in dem einem besonders deutlich wird, wieviel wert es ist, Kameraden zu haben, mit denen man sich gut versteht und auf die man sich immer verlassen kann. – Kommt und laßt uns den Abend gemütlich beenden. Für ein Viertel oder eine ‚Halbe' reicht die Zeit noch. Bei der Gelegenheit können wir zudem über die Gestaltung der Abschlußveranstaltung sprechen, die ich als ‚Kulturwart' vorzubereiten habe."

Chef-Übung

Nachdem ich mir die Rechtskenntnisse angeeignet hatte, über die ein Disziplinarvorgesetzter zu verfügen hatte, machte ich meine Chef-Übung. Als ich mich beim Bataillonskommandeur meldete, machte mich dieser mit den Gegebenheiten vertraut.

Bei einem Rundgang über das Kasernengelände gebrauchte der Kommandeur etwas zögerlich zweimal den Begriff „Innere Führung". Als er jedoch nach einem ausführlichen Gespräch festgestellt hatte, daß ich „in Ordnung" war, benutzte er diesen Ausdruck nicht mehr. Ja, er ging noch weiter und äußerte, er sei mit seinen Offizieren zufrieden, die alle bis auf einen, allenfalls einen zweiten, keinerlei Linkstendenzen erkennen ließen.

Der Chef der Kompanie, die ich übernahm, ließ mir völlig freie Hand. Ihm war es sehr willkommen, daß er die für ihn freigewordene Zeit voll ausnutzen konnte, um sich auf die Heeresauswahlprüfung vorzubereiten. Da die Kompanie gut eingespielt war und einen tüchtigen Spieß hatte, lief der Dienstbetrieb reibungslos.

Gegen Ende eines Chef-Unterrichtes, in dem ich den Soldaten die Grundzüge der freiheitlich-demokratischen Grundordnung erläutert hatte, erklärte ich: „Befehl und Gehorsam bilden die Grundlage soldatischen Handelns. Sie wissen aber auch, daß der Soldat keinen Befehl auszuführen braucht, ja nicht ausführen darf, wenn er, für ihn erkenntlich, ein Verbrechen, ein Vergehen oder einen Verstoß gegen die Menschlichkeit beinhaltet."

Ich schwieg einen Augenblick und fuhr dann fort: „Von diesem Grundsatz komme ich zu einer alltäglichen Möglichkeit. Wer sich in einer dienstlichen Angelegenheit besonders belastet fühlt, kann sich an mich wenden. Ausnahmsweise können Sie sich direkt beim Kompaniefeldwebel melden und ihn bitten, mich in dieser Sache zu sprechen. Ich mache Sie jedoch hiermit darauf aufmerksam, daß Sie dabei Ihre Gehorsamspflicht voll zu beachten haben. Wer also meint, auf diese Weise zum Beispiel seinem Gruppenführer eins auswischen zu können, verstößt gegen sie und wird von mir zur Verantwortung gezogen."

Diese Maßnahme hatte ich mir genau überlegt. Ich war mir darüber im klaren, daß derartiges nicht ohne weiteres mit den Vorstellungen der Unteroffiziere über die gewohnten militärischen Verhaltensweisen in Einklang zu bringen war. Jedoch: Sie war eine Folge aus den – unvergessenen – Ungerechtigkeiten, die sich auf dem ROB-Lehrgang deswegen ergeben hatten, weil der Lehrgangsleiter keine Dienstaufsicht ausgeübt hatte.

Die mir unterstellten Soldaten waren nicht einfach Untergebene, sondern sie waren mir anvertraut. Gute Menschenführung ist eine der wichtigsten Voraussetzungen dafür, daß auf die Truppe wirklich Verlaß ist, wenn es darauf ankommt. Kurz und gut, ich würde die Dienstaufsicht unumschränkt ausüben. – Als ich dem Spieß diese Regelung mitteilte, war der überrascht, sagte jedoch nichts.

Während der gesamten Zeit meiner Chef-Übung kam es nur zweimal vor, daß sich Soldaten auf die ihnen von mir ermöglichte Weise an mich wandten. An den einen Fall kann ich mich nicht mehr recht erinnern, wohl aber um so mehr an den anderen.

Eines Tages meldete mir der Spieß, daß der Panzergrenadier Sielff gebeten habe, mich in einer Angelegenheit direkt zu sprechen. Ich ließ ihn kommen und belehrte ihn eingangs, daß seine Aussagen zu einem dienstlichen Vorgang wahr zu sein hatten.

„So, und nun schießen Sie los."

„Herr Hauptmann, ich soll am Sonntagvormittag von zehn bis zwölf Uhr mit meinem Zugführer Balkenkreuzzielen üben, weil ich immer danebenschieße."

„Sie sind doch einer derjenigen, die eine Schießbrille erhalten haben. Warum treffen Sie immer noch nichts?"

„Das weiß ich nicht, Herr Hauptmann. Ich kann nichts sehen."

Ich überlegte. Dieser schmächtige Mann machte keinen aufmüpfigen, sondern eher einen etwas furchtsamen Eindruck. Was mochte ihn veranlaßt haben, sich so vorzuwagen und sich an mich zu wenden?

„Ihr Zugführer meint es gut mit Ihnen und will Sie zusätzlich schulen. Warum wenden Sie dagegen etwas ein?"

Zögernd entgegnete Sielff: „Ich will mich gar nicht beschweren, auch wenn es ungerecht ist." Er brach ab und druckste herum, doch dann gab er sich einen Ruck.

„Ich hatte mich für den Sonntagvormittag mit einem Mädchen verabredet, und jetzt muß ich nachexerzieren. Ich kann wirklich nichts erkennen."

„Stimmt das?"

„Jawohl, Herr Hauptmann!"

„Ich habe Sie darüber belehrt, was es bedeutet, eine Falschaussage zu machen. Ich werde die Schießbrille überprüfen lassen. Ich befreie Sie von der Übung am Sonntagvormittag. Melden Sie dem Kompaniefeldwebel, daß ich ihn sprechen möchte."

Dieser kam sofort, und ich unterrichtete ihn über das Vorgefallene. Während wir noch miteinander sprachen, klopfte es. Nach dem „Herein" betrat der Schreibstubengefreite das Dienstzimmer und meldete, daß Feldwebel Müller den Chef sprechen wolle.

„Das trifft sich günstig. Er soll eintreten. – Bleiben Sie hier, Hauptfeld!"

Nachdem der Feldwebel gegrüßt hatte, sagte er: „Herr Hauptmann, Panzergrenadier Sielff hat mir soeben gemeldet, daß Sie ihn von der Übung am Sonntag freigestellt haben."

Ich nickte.

„Herr Hauptmann, für mich ist das ein Eingriff in meine Kompetenz als Zugführer. Nur fünf Mann sind Schießbrillen verpaßt worden. Die anderen vier treffen inzwischen alle etwas. Nur Sielff jagt weiterhin alles daneben."

„So unwahrscheinlich es Ihnen erscheinen mag, Feldwebel Müller: Es ist möglich, daß Sielff eine falsche Brille erhalten hat. Dies wird der Augenarzt feststellen. Erst wenn das Ergebnis vorliegt, kann etwas Endgültiges gesagt werden. – Noch etwas?"

„Nein. Feldwebel Müller meldet sich ab."

Die Überprüfung ergab, daß tatsächlich zwei Schießbrillen vertauscht worden waren. Ich ließ Sielffs Zugführer kommen.

„Feldwebel Müller, Sie haben mit dem von Ihnen zusätzlich verfügten Balkenkreuzzielen in guter Absicht gehandelt. Daher war Ihre Anordnung zwar recht, aber dennoch nicht richtig. Bei dem vorliegenden Ergebnis könnten Sie Sielff nicht davon überzeugen, daß Sie ihn nicht ungerecht behandelt haben. – Sie haben sich außerdem bei mir gemeldet, weil Sie sich in Ihrer Kompetenz eingeengt gefühlt haben. Diese Ihre Haltung beurteile ich so positiv, daß ich Ihnen hiermit meine Anerkennung ausspreche."

Mit dieser Reaktion hatte Müller nicht gerechnet. Er erwiderte nichts, sondern meldete sich erfreut ab.

An diese Begebenheit erinnere ich mich mehr als an alle anderen während meiner Chef-Übung. – Diese war eine der letzten, die ich ableistete.

Bilanz

Wie beurteile ich meine Militärzeit jetzt? – Der Kalte Krieg, der damals geherrscht hatte, war für mich der Grund gewesen, in einer Armee zu dienen, die ausschließlich zu Verteidigungszwecken aufgebaut worden war. Gemeinsam mit den Streitkräften verbündeter Demokratien hatte sie von Volk und Land einen denkbaren Angriff feindlicher Mächte erfolgreich abzuwehren. Diese Zielsetzung war es wert, sich auch selbst einzusetzen. Daher halte ich die anderthalb Jahre meines aktiven Dienstes und die auf sie folgenden Wehrübungen, die ich in den Semesterferien gemacht hatte, nach wie vor für sinnvoll.

Die Absolvierung der Wehrpflicht war für mich zudem deswegen keine „verlorene Zeit", weil ich mehrfach erfahren hatte, was echte Kameradschaft bedeutete. Es war unschätzbar, sich in schwierigen Situationen auf jemanden unbedingt verlassen zu können.

Der Dienst war abwechslungsreich gewesen. Zuerst die allgemeine Grund- und Voll-Ausbildung, danach diejenige zum Ausbilder und schließlich die Tätigkeit als solcher selbst bis hin zum Vorgesetzten mit Disziplinargewalt. Ich hatte gelernt, Menschen zu führen, also etwas, das sich in meinem späteren Leben immer als wertvoll erwiesen hat.

Dies alles hatte ich nur erlebt und erfahren, weil ich Reserveoffizier geworden war. Wie aber wäre die Lage gewesen, wenn mir dies mißlungen wäre? – Dann hätte die zweite Hälfte meiner Dienstzeit aus ödem, sich vierteljährlich wiederholenden Alltagsdienst bestanden, der in seiner Eintönigkeit keinerlei Möglichkeit zu geistiger Weiterentwicklung geboten hätte.

Leben in akademischer Freiheit

Civis academicus

Die ersten Semester

Vor Studienbeginn

Nach dem Ende meiner Militärdienstzeit hatte ich noch über einen Monat Zeit, mich auf mein Studium einzustellen. In dem nun beginnenden Lebensanschnitt würde ich zum erstenmal ganz auf mich allein gestellt sein. Der Geborgenheit des Elternhauses und der Einbindung in eine feste militärische Ordnung würde ein selbstverantwortliches Leben folgen.

Frei würde ich sein, grenzenlos frei! Es würde weder einen Dienstplan geben, der von morgens bis abends alles minutiös regelte, Essen würde nicht mehr Dienst sein, und festgelegte Schlafenszeiten gehörten für immer der Vergangenheit an. Der bloße Gedanke an sie wirkte auf einen Nachtschwärmer wie mich fast wie ein Alptraum. Nun konnte ich jederzeit nach Belieben entscheiden, ob ich eine Nacht teilweise oder ganz durchmachen wollte oder nicht. Kurz, ich konnte künftig alles tun oder lassen, was mir beliebte.

Und doch: Diese Ungebundenheit ergab sich aus einer Selbständigkeit, durch die ich immer mit allem allein fertig zu werden hatte. Alles, was ich ab jetzt machte, mußte ich nach eigenem Ermessen tun. Mit Beratung oder gar tatkräftiger Unterstützung durch andere konnte ich nicht rechnen.

Solitudo pretium libertatis, dachte ich, und mir wurde bewußt, daß ich mich innerlich umstellen mußte. Der Gedanke daran schreckte mich nicht. Meine militärische Dienstzeit hatte mir viel genutzt. Sie hatte bewirkt, daß ich in meiner Lebensführung ziemlich selbständig geworden war, vor allem deswegen, weil ich längere Zeit „vor der Front“ gestanden hatte.

Schon Wochen vor meiner Abreise war mit den Vorbereitungen begonnen worden. Zu den äußerlichen, die sich vor allem auf das zukünftige Aktivenleben bezogen, gehörte das Beschaffen einer commentmäßigen Ausstattung wie das Anfertigen eines Smokings sowie eines schwarzen Anzuges, die mein Vater bei seinem Schneider in Auftrag gegeben hatte.

Ungleich wichtiger war die innere Vorbereitung.

Meinen Studienort hatte ich frei wählen können, weil es damals einen Numerus clausus kaum oder gar nicht gab. Begannen doch nur ungefähr fünf Prozent der Abiturienten derjenigen Jahrgänge, zu denen ich gehörte, ein Studium.

Ich wollte Geschichte studieren. Obwohl niemand Althistoriker, Mediävist, Neuzeithistoriker oder gar Zeitgeschichtler zugleich sein konnte, hatte mich die Antwort auf diese Frage zunächst nicht weiter beschäftigt. Schon früher hatte ich vor allem darüber nachgedacht und dann beschlossen, ein Studium der politischen Geschichte zu beginnen.

Mein Ideal, als Privatgelehrter völlig selbständig und unabhängig Geschichtsforschung zu betreiben, war nicht zu verwirklichen. Diese Tätigkeit mußte sich auf einem anderen Wege ermöglichen lassen. Darüber, wie dies geschehen konnte, machte ich mir allerdings noch keine ins einzelne gehenden Gedanken. Augenblicklich erschien es mir vor allem als wichtig, mir ein möglichst umfassendes historisches Wissen zu erwerben. Daher genügte es mir jetzt, daß ich mir darüber im klaren war, was ich nicht wollte: Der Höhere Schuldienst schied für mich aus, weil er eine bloße Lehrtätigkeit war.

Ich strebte eine wissenschaftliche Tätigkeit an, nur – Hochschullehrer wollte ich „eigentlich" auch nicht werden. Zwar hieß es, daß dessen Tätigkeit zeitlich je zur Hälfte der Forschung und der Lehre gewidmet war. Selbst wenn das wirklich zutraf, konnte immer nur ein Teil der Zeit zu Forschungszwecken verwendet werden. Übrig blieb also nur die Arbeit in eigens dafür eingerichteten in- und ausländischen Forschungsinstituten.

Das Ziel war klar, doch der Weg dahin lag noch im Nebel. Im Laufe des Studiums würde ich, wie ich überzeugt war, den richtigen Weg erkennen, um es zu erreichen.

An welcher Universität ich mein Studium beginnen wollte, brauchte ich allerdings nicht zu überlegen. Im allgemeinen entschied man sich für die nächstgelegene Alma mater, d. h., man blieb – zumindest zunächst – in letztlich heimatlichen Gefilden. Bei mir war dies anders. Ich würde mich nicht an der nächstgelegenen Universität, sondern an einer der am weitesten entfernten immatrikulieren.

Diese Entscheidung war schon längere Zeit vor dem Abitur getroffen worden. Sie war nicht durch die Suche nach akademischen Lehrern bestimmt gewesen, von denen ich in meinem Hauptfach besonders viel lernen konnte. Sie hatte vielmehr einen ganz anderen Grund.

Mein Vater war zu Beginn seines Studiums nach dem Ende des Ersten Weltkrieges einer Korporation beigetreten. Das Aktivendasein als Corpsstudent hatte ihm so sehr zugesagt, daß er anschließend zu denjenigen Alten Herren gehörte, die sich ständig für das „Blühen, Wachsen und Gedeihen" ihres Bundes einsetzten.

Dies wurde nach der Machtübernahme durch die Nationalsozialisten immer schwieriger, bald unmöglich. Durch die Gleichschaltung der Universitäten, ihrer Lehrer und Studenten – und somit auch der Korporationen – hatten es jene bereits 1935 erreicht, ihre Gegner auszuschalten.

Nachdem die Korporationen 1949 wieder zugelassen worden waren, bemühte sich mein Vater mit etlichen Corpsbrüdern darum, seinen Bund zu restituieren. Es gelang, und das von früher gewohnte Leben begann wieder.

Meinem Vater bedeutete das Korporationsleben soviel, daß ihm nichts lieber war, als mich aktiv werden zu sehen. Er drängte mich allerdings in keiner Weise zu diesem Entschluß, sondern überließ mir selbst die Entscheidung. Er keilte mich indirekt, indem er Aktive einlud. Diese machten mit einwandfreiem Benehmen, korrekter Kleidung, kurz, durch ihr ganzes tadelloses Verhalten auf mich einen so guten Eindruck, daß ich gar nicht auf den Gedanken kam, nicht aktiv zu werden.

Nun fuhr ich meiner Universitätsstadt entgegen. Dort erwartete mich ein ungebundenes Leben – ein ganz anderes als das, das ich in den letzten anderthalb Jahren geführt hatte.

Im Licht der Herbstsonne wirkte die Landschaft, die der Fernschnellzug durcheilte, besonders schön. Vor allem die vielen Laubwälder gefielen mir mit der Farbenpracht ihrer Blätter stets von neuem. Obwohl ich oft hinausschaute, fand ich während der langen Anreise doch genügend Zeit, gleichermaßen zurück- und vorauszublicken.

Ich dachte an meinen guten Kameraden Peter Quedlin, der noch ein halbes Jahr länger diente, und lächelte. Im bevorstehenden Winterhalbjahr, insbesondere in den ersten beiden Monaten des Jahres, würde der sich mit seinem Zug durch Nebel, Schneeregen und Eis zu kämpfen haben, während ich selbst in gut geheizten Räumen Fasching feierte. Dies würde jedoch erst in der zweiten Hälfte des Semesters sein. Erst einmal mußte ich meine neue Lebens- und Arbeitsstätte erreichen. Meine Zeit würde ich zwischen meinem Studium und dem Aktivenleben aufteilen. Von vornherein stand für mich fest, daß ersteres den Vorrang hatte.

Das erste Semester

Nachdem ich mein Reiseziel erreicht hatte, begab ich mich gleich auf das Corpshaus, um mein Zimmer zu beziehen. Dort traf ich einen Confuchsen, Jürgen Perger. Zur Begrüßung tranken wir, wie sich der gebürtige Franke ausdrückte, „erscht amol" einen Halben und unterhielten uns ein wenig.

Tags darauf ging ich, von Perger begleitet, zum erstenmal in die Ludovica Maximiliana, um die Formalitäten zu erledigen, die für meine Immatrikulation notwendig waren. Es ging alles sehr schnell, weil nur sieben oder acht Studenten vor mir waren.

Danach waren wir in der Stadt, um die Couleurmütze zu bestellen. Nach einem kleinen Imbiß ging's zum Bahnhof, um die Koffer abzuholen und sie in der Straßenbahn – gegen eine Transportgebühr von fünfundzwanzig Pfennig! – bis zur Haltestelle zu transportieren, die nahe beim Corpshaus lag. Dort angekommen, bedankte ich mich bei Perger erst einmal mit einem Bier.

Mit dem einen oder anderen der wenigen Corpsbrüder, die bereits anwesend waren, traf ich mich nur abends manchmal zu einem Glas Bier oder Wein oder zu einem Kinobesuch. Diese Abende wurden viel länger als erwartet – mit gelegentlich mißlichen Folgen. So war ich nach einem dieser Treffen erst kurz nach zwei Uhr morgens ins Bett gekommen. Prompt verschlief ich. Zwar hatte ich den Wecker gestellt, um so rechtzeitig aufzustehen, daß ich an einer mehrstündigen Stadtrundfahrt teilnehmen konnte. Da ich jedoch das Klingeln nicht gehört hatte, wachte ich erst um zehn Uhr auf – eine Stunde nach Beginn der Fahrt. Es ärgerte mich gleich zweimal, zum einen wegen des versäumten Termins, zum anderen wegen des Fahrpreises, der bereits bei der Buchung fällig gewesen war.

Etwas anderes war für mich viel leidiger. Die Immatrikulation war so zügig vor sich gegangen, daß ich rasch davon überzeugt war, viel zu früh angereist zu sein. Ich hätte noch über eine Woche gemütlich zu Hause bleiben können. Zudem empfand ich die Anfangstage hier manchmal als langweilig. Es war für mich ungewohnt, mich nicht mehr in einem großen Kameradenkreis zu bewegen, sondern nun allein zu sein. Doch dann begann das Semester!

Ich hatte Geschichte, Soziologie und politische Wissenschaften belegt und besuchte in diesen drei Fächern Vorlesungen und Proseminare. Als ich auf der Suche nach einem der Institute war, die weit außerhalb der Universitätsgebäude lagen, fragte mich ein Kommilitone nach dem Weg dorthin.

„Den suche ich gerade“, erwiderte ich ihm.

„Haben Sie etwas dagegen, daß wir ihn gemeinsam ausfindig machen?“

„Keineswegs.“

„Beginnen auch Sie erst Ihr Studium oder haben Sie bereits einige Semester hinter sich?“ erkundigte sich der Kommilitone, auf den ich anscheinend ziemlich gesetzt wirkte, weiter.

„Ich beginne jetzt erst, weil ich meinen Wehrdienst abgeleistet habe.“

„Ach, Sie Ärmster!“

„Wie bitte?“ fragte ich erstaunt und fügte hinzu: „Ich bin gern Soldat gewesen.“

„Das merkt man ja gar nicht. – Ach so, nun ja, wenn Sie es so sehen“, stammelte der andere, der durch diese unerwartete Antwort sofort unsicher geworden war.

„Der muß wohl erst noch lernen, sich eigene feste Meinungen zu bilden“, dachte ich. „Was ist denn das für ein Gebaren, erst etwas zu bedauern und dann sofort auszuweichen – nur weil man empfindet, daß man sich unpassend geäußert hat.“ – An das weitere Gespräch erinnere ich mich nicht mehr, sondern nur noch daran, daß wir das Institut nicht gefunden haben und wir uns nicht noch einmal begegnet sind.

In dem Studienführer, den ich mir gekauft hatte, war empfohlen worden, daß die belegten Veranstaltungen erst ungefähr nach der ersten Vorlesungswoche, nach Beratungen mit den Assistenten und sonstigen Stellen, in die Studienbücher eingetragen werden sollten. Daher sprach ich mit einem „Assi“ im Historischen Seminar und war bei der Akademischen Studienberatung. Was ich dort alles zu hören bekam, veranlaßte mich zu dem zusammenfassenden, drastisch formulierten Urteil: „dumme Quatscherei“. Die einzigen vernünftigen Auskünfte habe ich von einem älteren Inaktiven erhalten.

Als ich die erste Vorlesung besuchte, war es mir, als ob ich schon seit eh und je Student wäre. Ich führte dies zu einem großen Teil darauf zurück, daß mir der Unterricht an der Heeresoffizier- und an der Truppenschule vertraut war. Auch wenn ich mir dessen noch nicht ganz bewußt war – es lag außerdem daran, daß ich begann, in der meinem Wesen gemäßen Umwelt zu leben und zu wirken.

Im Hörsaal saß ich bis zu einer halben Stunde vor Beginn der jeweiligen Vorlesung, um immer einen Sitzplatz – und damit ein Schreibpult – zu haben. Diese Zeit nutzte ich sinnvoll durch Erledigung eines Teiles meiner Korrespondenz.

Im ersten Semester lagen alle Veranstaltungen zwischen Montag und Donnerstag. Dennoch hatte ich keine viertägige „Arbeitswoche“. An den beiden anderen Tagen las ich in den Seminarbibliotheken Fachliteratur oder ich arbeitete meine Zettel mit den Vorlesungsmitschriften auf der Schreibmaschine aus. Dies wurde mir jedoch allmählich zu mühselig, und ich schrieb das Gehörte gleich, während der Vorlesung, auf großen Bögen ins reine. Dieses Verfahren hatte zudem den Vorteil, daß ich die eingesparte Zeit zum Lesen verwenden konnte.

Die Vorlesungen, die ich hören wollte, hatte ich mir anhand der im Vorlesungsverzeichnis angegebenen Themen ausgesucht, nicht nach den akademischen Lehrern. Bald stellte ich fest, daß das unzweckmäßig gewesen war. Von einem Thema, in dem die Grundzüge einer ganzen Epoche abgehandelt wurden, hatte ich viel weniger als von einem, das sich nur mit ausgewählten Aspekten eines bestimmten Zeitraumes befaßte. Der Grund? – Leicht erklärlich: Es lag daran, wie der jeweilige Professor seinen Stoff gestaltet hatte und vortrug.

Besonders deutlich erinnere ich mich an eine zweistündige Vorlesung über attische Demokratie. Als ich vor ihrem Beginn einem Kommilitonen sagte, wen ich hören wollte, winkte dieser ab: „Ach, den können Sie sich sparen."

„Jetzt erst recht", dachte ich und besuchte eine der besten, ja mehr noch, eine der wenigen wirklich guten Vorlesungen, die ich je gehört habe.

Neben den Vorlesungen nahm ich an mehreren Proseminaren teil, um durch Erarbeitung eines Themas die Scheine zu erhalten, die bei der Meldung zum Examen vorzulegen waren. Mit Feuereifer stürzte ich mich auf meine ersten historischen Arbeiten.

Bei der Durcharbeit der Lektüre zu einer von ihnen fiel mir etwas auf. In einem bestimmten Punkt widersprachen sich der Autor und der Mediävist Professor Sörpl, der hierzu selbst etwas verfaßt hatte. Da beide dieselbe Quelle als Beleg für ihre Auffassung angegeben hatten, konnte nur eine von diesen richtig sein.

Es bereitete mir ein besonderes Vergnügen, anhand des lateinischen Originaltextes zu überprüfen, wer von beiden recht hatte. Und – siehe da: In diesem Punkt waren die Ausführungen Sörpls falsch, und ich stellte dies in meiner Ausarbeitung fest. Hatte sich dies auf die Benotung – sie lautete „sehr gut" – ausgewirkt?

Diese Note erhielt ich auch für meine andere historische Proseminararbeit. So konnte ich, da auch meine beiden weiteren Arbeiten gut beurteilt worden waren, mein erstes Semester als erfolgreich betrachten.

Gegen dessen Ende entschloß ich mich, im kommenden Semester das Fach Politische Wissenschaften aufzugeben, weil es mir nicht so zusagte, wie ich es mir vorgestellt hatte. Statt dessen nahm ich als neues Fach Germanistik dazu, auch wenn ich es noch nicht für unbedingt notwendig hielt; es konnte ja nichts schaden.

Eine der letzten Vorlesungen fiel zugunsten einer anderen Veranstaltung aus. Die Fakultät hatte den „runden" Geburtstag eines emeritierten Ordinarius zum Anlaß genommen, um ihn besonders zu ehren. So sah ich diesen Historiker, dessen vierbändige Geschichte des neunzehnten Jahrhunderts ich in meinen Buchbeständen hatte, persönlich.

Die Sitze des vorderen halben Dutzends der Reihen waren noch unbesetzt, als ich den Hörsaal betrat. Auf den Bänken der ersten drei lagen Zettel mit den Namen derer, für die Plätze reserviert waren. Studenten, die sich in einer der nächsten drei Reihen niederlassen wollten, wurden verscheucht.

Unwillkürlich fragte ich mich, wie es um die Verfaßtheit der „Gelehrtenrepublik“ bestellt war. Demokratisch war sie offenbar nicht, es sei denn, man ging vom attischen Modell der Einteilung in drei Klassen aus. Gewiß, Studenten waren keine Sklaven, aber, wie mir schien, nicht viel mehr als Metöken.

Nach Semesterende fuhr ich nicht gleich nach Hause, sondern nahm an einem Skikurs teil. Die Anfahrt begann kurz vor Mitternacht, weil der Bus viele Stunden vorher in einem weit nördlich gelegenen Universitätsort seine Fahrt begonnen hatte. Als es am nächsten Morgen einigermaßen hell geworden war, konnte ich meine Reisegefährten genauer ins Auge fassen.

Bei den mitfahrenden Mädchen fiel mir rasch etwas auf. Während die einen einen munteren Eindruck machten, wirkten die anderen gelangweilt. „Na, das kann ja heiter werden, wenn man mit diesen die ganze Zeit auf dem engen Raum einer Hütte zubringen muß“, dachte ich. „Die sehen nicht danach aus, als ob sie wirklich Ski laufen wollen, sondern nur am Après-Ski interessiert sind.“

Zwar traf diese Beobachtung zu, doch brauchte ich mich ihretwegen nicht zu beunruhigen. Auf achthundert Metern Höhe hielt der Bus vor einem großen Skihotel und – siehe da – all die flotten Skihäschen stiegen aus. Die sympathischen Mädchen hingegen fuhren mit auf die Hütte auf zwölfhundert Metern Höhe.

Das Skileben fand ich herrlich. Bei immer ganztägigem Sonnenschein erteilte ein Skilehrer vormittags Unterricht, und nachmittags wurde das vorher Gelernte in freiem Üben verbessert.

Nachdem man sich den ganzen Tag im Freien bewegt hatte, freute man sich auf die fröhliche Runde nach dem guten Abendessen. In der Gesellschaft der netten Kameraden – auch und gerade der Mädchen – war der Tagesausklang stets anheimelnd. Zum Tanzen war der Raum zwar zu eng, doch es gab genügend andere Möglichkeiten, um sich die Stunden heiter zu gestalten.

Manchmal waren die „Späße“ ziemlich derb. Eines Abends saßen alle im abgedunkelten Aufenthaltsraum in einem großen Kreis zusammen. Beim

Licht einer Taschenlampe suchte jemand etwas unter den Pudelmützen, die alle trugen. Plötzlich langte er kräftig zu und zerschlug auf dem Kopf des einen ein rohes Ei. Er hatte es vorher, von diesem unbemerkt, unter dessen Mütze gebracht. Hatte es sich hier überhaupt noch um einen Spaß oder um einen Denkzettel gehandelt, den einer für unsportliches Verhalten erhielt? Nun, etwas derartiges wiederholte sich nicht, und alle vertrugen sich gut.

Die harmonische Atmosphäre dieser Tage hatte viel dazu beigetragen, daß alle vergnügt wieder abreisten. Auf der Rückfahrt fuhren wir zunächst zu dem Hotel, um die schicken Skihaserl wieder mitzunehmen. Als diese, blaß und übernächtigt, uns sahen, entfuhr ihnen ein erstauntes: „Oh, seid ihr aber braun!“

Das zweite Semester

Nur wenige Tage vor Beginn meines zweiten Semesters fand ich mich an meinem Studienort ein. Meinen Stundenplan mußte ich teilweise neu gestalten, weil einige sehr interessante Vorlesungen ausfielen, was ich sehr bedauerte. Doch auch das hatte etwas Gutes, weil ich statt derer nun zwei Philosophievorlesungen hören konnte.

Mein Vorhaben, drei Proseminare zu besuchen, konnte ich nicht verwirklichen, weil eines wegen der Anmeldung in den Semesterferien bereits vollbesetzt war. Dennoch ging ich zur ersten Sitzung, um anschließend mit dem Dozenten zu sprechen. Der begann jedoch nicht, sondern stellte fest, daß mehr als die bereits Angemeldeten anwesend waren. Mit immer lauter werdender Stimme herrschte er die Unangemeldeten an, den Saal zu verlassen. – Mochte es verständlich sein, daß er nur die Angemeldeten in seiner Übung sehen wollte – sein Kasernenhofton widersprach so sehr meinen Vorstellungen von akademischem Benimm, daß ich angewidert retirierte.

Solche akustischen Entgleisungen gab es bei hochoffiziellen Veranstaltungen natürlich nicht. Bei ihnen ging alles sehr getragen zu, wie z. B. beim Stiftungsfest der Universität.

Als eifriges Anfangssemester nahm ich an ihm selbstredend teil. Es gab allerdings nichts, was mich besonders beeindruckt hätte. Die ganze Veranstaltung wirkte über weite Strecken wie eine stolz vorgetragene Erfolgsbilanz, bei der sich jede Fakultät möglichst wirkungsvoll präsentierte.

Die medizinische Fakultät mit dreitausend Immatrikulierten verwies auf dreihundertdreißig Promotionen im zurückliegenden Jahr. Mit dieser Zahl konnte die philosophische Fakultät nicht mithalten. Bei fünftausend Studierenden vermeldete sie siebenundvierzig Promotionen.

Unwillkürlich berechnete ich die Relation. Bezogen auf die Zahl der jeweils Immatrikulierten, betrug diejenige der neuen Doktoren der Medizin elf, diejenige der Promovierten in der philosophischen Fakultät ein knappes halbes Prozent. Unbekümmert, wie ich es noch war, kam ich nicht bereits jetzt darauf, daß es ungleich schwieriger sein mußte, zum doctor philosophiae als zum doctor medicinae zu promovieren.

Im übrigen verlief das Studiensemester in den üblichen Bahnen: Vorlesungen hören, Literatur in der Seminarbibliothek durcharbeiten, das Material für die Proseminararbeiten zusammenstellen und diese schreiben. So gut sie im Hauptfach wiederum benotet wurden, im Fach Germanistik klappte es nicht. Die Klausur in Gotisch war nicht ausreichend. Zwar war ich in Grammatik recht gut gewesen, doch beim Übersetzen war's danebengegangen. Nüchtern stellte ich fest, daß ich noch mehr hätte arbeiten müssen und dann im zweiten Couleursemester „inaktiv" gewesen wäre, oder umgekehrt. So war beides nichts Halbes und nichts Ganzes gewesen.

Bei dem herzlichen Vertrauensverhältnis, das zwischen meinen Eltern und mir herrschte, berichtete ich ihnen auch von meinem Mißerfolg. So nannte ich offen den entscheidenden Grund für diesen. Obwohl es interessant sei, sich mit Gotisch zu beschäftigen, habe mir trotzdem der letzte – und entscheidende – Wille zur Arbeit gefehlt, weil mich das Gebotene im Innersten unberührt gelassen habe.

Ganz anders verhielt es sich, wie ich hinzufügte, bei meinem Haupt- und Lieblingsfach Geschichte. Auch wenn die eine oder andere historische Übung nicht mein volles Interesse fand, arbeitete ich doch dafür. Es machte Spaß, weil es Geschichte war.

Meine Eltern nahmen es nicht tragisch, daß ich die Gotisch-Klausur verpatzt hatte. Sie meinten, ich brauche mich nicht mit Vorwürfen irgendwelcher Art zu belasten, wie mit dem, nicht genug gearbeitet zu haben. Die ersten Semester seien nun einmal dazu ausersehen, das studentische Leben von der fröhlichen Seite her zu sehen. Was ich in den ersten Semestern vielleicht zu arbeiten versäumt hätte, lasse sich doch bei intensiver Arbeit immer nachholen.

Über diese verständnisvolle Auffassung freute ich mich, doch betrachtete ich sie keineswegs als Freibrief, nun ein Leben in „alter Burschenherrlichkeit" zu führen. Ich nahm mir vielmehr vor, auch in den „fröhlichen" ersten Semestern soviel wie möglich zu arbeiten.

Da das Corpsleben viel Zeit beanspruchte, war ich bereits jetzt, zur Halbzeit, entschlossen, nach meinen vier Aktivensemestern meinen Studienort „fluchtartig", wie ich es bei mir selbst formulierte, zu verlassen. Ich wollte endlich einmal richtig zum Arbeiten kommen. Ich war jedoch selbstkritisch genug, dem Aktivsein keineswegs allein die Schuld an meiner derzeitigen Lebensweise zu geben. Vielleicht hätte ich dieses oder jenes besser einteilen können oder sollen. Doch – zugegeben: Der Sommer und München waren sehr schön gewesen!

Ich war gewillt, an einer norddeutschen Universität weiterzustudieren. Im Norden hatte ich keine Verpflichtungen und würde deswegen besser und mehr zum Arbeiten kommen als jetzt. In Frage kam die Georgia Augusta, die damals als eine Hochburg für Historiker galt. Ich beabsichtigte, an ihr das Philosophikum abzulegen, das Staatsexamen zu machen und zu promovieren.

Ich hatte den richtigen Weg gefunden. Nun konnte ich bereits jetzt, während der zwei Semester, die ich noch an der Ludovica Maximiliana zu studieren hatte, für die Zeit danach genaueres planen.

In der ersten Hälfte der Semesterferien machte ich eine Wehrübung. Dabei besuchte ich Alte Herren, die im Standort wohnten. Nach einigen anschließenden Wochen zu Hause trat ich meine erste kunsthistorische Studienreise an. Sie führte mich in das Land der Pharaonen.

Vorher war ich, weil sie in München begann, in die Universität gegangen, um mir ein Thema für ein Hauptseminar in südosteuropäischer Geschichte geben zu lassen. Ich bemühte mich vergeblich, weil alle Themen bereits zwischen dem Ende des vorherigen Semesters und dem Anfang der Ferien vergeben worden waren.

Das dritte Semester

Zu Beginn des dritten Semesters beurteilte ich die Studienbedingungen in Germanistik als sehr schlecht, weil von den zehn Proseminaren in ihrer Neueren Abteilung fünf ausfielen. Nach vielem Hin und Her und manchem Ärger schaffte ich es, in ein althochdeutsches Proseminar und – viel wichtiger – in ein historisches Hauptseminar zu kommen. An einem solchen konnte man im allgemeinen erst nach vier Semestern teilnehmen. Obwohl mir dies bekannt war, versuchte ich es jetzt schon.

Privatdozent Dr. Rudolph, bei dem ich mich anmelden wollte, lehrte am gerade vakanten Lehrstuhl für Neuere und Neueste Geschichte. Obwohl er hier neu war, wies er mich auf diese Regelung hin. Daraufhin machte ich ein ganz betrübtes Gesicht. Ob es dazu beigetragen hat, die Entscheidung des Gelehrten zu beeinflussen, weiß ich nicht. Jedenfalls wurde ich aufgenommen.

Die regelmäßige Teilnahme war für mich so selbstverständlich, daß ich darauf verzichtete, zu einer Couleurveranstaltung zu gehen, die während der Seminarsitzung stattfand. Zwar zweifelte ich nicht daran, daß der Dozent meiner Bitte um eine einmalige Nichtteilnahme stattgegeben hätte, doch darum nachzusuchen kam für mich nicht in Betracht.

Während einer Seminarsitzung hatte Dr. Rudolph eine allgemeine Bemerkung dahingehend gemacht, daß jeder Historiker während seines Studiums einmal eine Übung in Soziologie, Politologie oder Nationalökonomie mitgemacht haben sollte.

Da ich Soziologie als Examensfach studierte, kam mir unvermittelt der Gedanke, ob ich nicht doch die akademische Laufbahn einschlagen sollte. Dieser Weg würde mehr Arbeit mit sich bringen als ein anderer, doch ich war nicht nur bereit, etliches zu tun, sondern ich erarbeitete bereits manches, was andere, die Studienrat werden wollten, nicht taten, weil sie es nicht zur Prüfung brauchten. – Solch ein Gedanke mochte wohl mehr oder weniger jedem Anfangssemester einmal kommen, doch es war zu früh, sich bereits jetzt ernsthaft mit ihm auseinanderzusetzen. Daher beschäftigte ich mich nicht mehr mit ihm.

Im Fach Germanistik hatte ich mich zwei Semester lang getummelt, Vorlesungen gehört, Proseminare besucht und mit unterschiedlichem Erfolg mehrere Arbeiten geschrieben, um die entsprechenden Scheine zu erwerben. Doch nach Beendigung des dritten Semesters habe ich mich von diesem Fach abgewandt. Zwar interessierten mich unverändert diejenigen Bereiche, die grammatikalische und stilistische Fragen betrafen – doch die Literaturgeschichte!

Daß es zwei Arten von Literaturwissenschaftlern gab, hatte ich schon beim Lesen der Vor- und Nachworte zu meinen ersten Klassiker-Ausgaben während meiner Schulzeit festgestellt. In den einen wurden das Leben und Werk des jeweiligen Autors beschrieben und beides erklärend in die gesellschaftlichen Bedingungen derjenigen Epoche eingeordnet, in der er gelebt und gewirkt hatte. Außerdem wurde sein Werk in Bezug zu anderen Autoren seiner Zeit gesetzt und auf die Wirkung verwiesen, die es auf nachfolgende Autoren ausgeübt hatte.

Es war mir ein Genuß, nun eine vierstündige Vorlesung über Literatur des 19. Jahrhunderts zu hören, in der zahlreiche „klassische" Autoren abgehandelt wurden. Das Kolleg war so gekonnt angelegt, daß es mir Freude bereitete, mitzuarbeiten und Werke der einzelnen Dichter, sofern ich sie nicht schon kannte, begleitend zu lesen.

So positiv ich eine solche Leistung sah, so kritisch stand ich den Abhandlungen der anderen gegenüber, in denen sich diese „endlos" über „die Bedeutung des/der bei N. N." verbreiteten. Sie ergingen sich in nicht enden wollenden Ausführungen darüber, was ein beliebiger Autor gemeint haben könnte, es wurde heraus- oder hineininterpretiert, was nur möglich war. Sie stellten bedeutungsschwere Betrachtungen über alle möglichen Aspekte an und berauschten sich an ihren eigenen kunstvoll verschlungenen Formulierungen, durch die sie den Eindruck tiefgründiger Gelehrsamkeit zu erwecken versuchten. Geradezu lachhaft wirkte es, wenn der Stil und die Form, die die abgehandelten Autoren gewählt hatten, von Leuten kritisiert wurden, die in ihrem ganzen beckmesserischen Leben literarisch nie schöpferisch tätig gewesen waren. – Ich zog es weiterhin vor, das jeweilige Werk selbst zu lesen.

Hatte ich auf diesem Gebiet Arbeitszeit und -kraft vergeblich eingesetzt? – Vom Standpunkt einer effektiven Ausbildung, die möglichst schnell abzuschließen war, bestimmt – doch von dem der Bildung ebenso bestimmt nicht. Ich hatte mein Wissen erweitert, auch wenn es mir für ein Examen nichts nutzte. Doch ich hatte – das war für mich entscheidend – auf Grund meiner Studien erkannt, daß dieses Fach für mich nicht in Frage kam.

Zu den Wesensmerkmalen akademischer Freiheit gehörte das selbständige – durchaus zeitraubende – Suchen und Erkennen des Weges, der zu einem erfolgreichen Abschluß des Studiums führte. Diesen Weg mußte jeder, wie auch ich es erfahren hatte, für sich allein finden. Außerdem war Selbstzucht erforderlich, um ihn – unter Verzicht auf manche Annehmlichkeit – geradlinig gehen zu können. Wer sich nicht selbst disziplinierte, scheiterte.

Ich erinnere mich an einen Kommilitonen, der in seinem zweiten oder dritten Semester ein nettes Mädchen kennengelernt hatte, mit dem er viel Zeit verbrachte – zu viel, wie sich herausstellte. Als nach vier Semestern die Zwischenprüfung abgelegt werden mußte, deren Bestehen die Voraussetzung für die Fortsetzung des Studiums war, fiel er durch. Was aus ihm geworden war, wußte niemand.

Für mich war auch das dritte Semester zufriedenstellend gewesen. Das Wichtigste war die gelungene Teilnahme an meinem ersten historischen Hauptseminar gewesen. Meine Arbeit hatte Dr. Rudolph mit „gut" benotet.

Bei einer anderen Seminararbeit hatte ich es mir gegen Ende der Ausarbeitung etwas zu leichtgemacht. Ihre Besprechung schloß der Dozent mit dem Satz: „Ich werde Ihre Arbeit mit ‚befriedigend' benoten, aber Sie können mehr." Damit hatte er mich so sehr am Portepée gepackt, daß ich mir vornahm, diese Aussage durch die Qualität meiner nächsten Seminararbeit als zutreffend zu erweisen.

Das vierte Semester

Das vierte Semester verlief in nun schon gewohnten Bahnen. Zu dessen „Halbzeit" hatte ich zwei Arbeiten fertiggestellt und abgegeben. Nachdem ich beide mit „gut" benotet zurückerhalten hatte, nahm ich auch weiterhin an den Seminarsitzungen teil und hörte die belegten Vorlesungen. Daneben intensivierte ich in der zweiten Semesterhälfte mein Aktivenleben, waren es doch die letzten Wochen vor meiner Inaktivierung, die ich nach Beendigung dieses vierten Semesters beantragte und genehmigt erhielt.

Außerdem traf ich Vorbereitungen für meinen Wechsel an die Georgia Augusta, an der ich im kommenden Wintersemester weiterstudieren wollte. So hatte ich bereits ein Zimmer so gut wie sicher.

Einen Teil der vorlesungsfreien Zeit, wie die Semesterferien offiziell genannt wurden, wollte ich für eine Studienreise in die Türkei nutzen. Ich wollte sie zeitlich so legen, daß ich nach der Rückkehr einmal das Oktoberfest erleben konnte. Zwar hatte ich die Erfahrung gemacht, wie außerordentlich wertvoll es war, während der Semesterferien zu arbeiten, doch dieses Mal konnte ich wegen des Universitätswechsels nichts tun.

Waffenstudent

Das Corps

Meinem Entschluß entsprechend, verwandte ich die meiste Zeit auf mein Studium. Danach folgte das Verbindungsleben, über das ich bereits manches wußte, bevor ich an ihm teilnahm.

Die Korporationen – und damit auch das Corps, dem ich angehörte – bestehen aus der Aktivitas und der Altherrenschaft. Erstere wird vom Senior geleitet, neben dem es zwei weitere Chargierte gibt. Der Consenior, der ihn gegebenenfalls vertritt, ist für die Fechtangelegenheiten und für die Damenveranstaltungen zuständig, der Subsenior erledigt den Schriftverkehr.

Außerdem gibt es den Fuchsmajor, einen älteren Aktiven oder Inaktiven. Dieser ist als einziger äußerlich erkennbar, nämlich an zwei gekreuzten Bändern. Das dreifarbige Burschenband wird von der rechten Schulter zur linken Hüfte, das zweifarbige Fuchsenband von der anderen zur rechten Hüfte getragen.

Der Fuchsmajor hat in eigens dafür vorgesehenen Fuchsenstunden die Füchse, wie die Neuaufgenommenen genannt werden, mit den corpsstudentischen Gebräuchen vertraut zu machen. Darüber hinaus soll er allgemeinere Dinge wie Hochschulpolitik oder die Geschichte der Universität abhandeln. Von dieser Aufgabe hatte ich zwar irgendwann einmal gehört, jedoch derartiges nicht vermittelt bekommen.

Für jedes Couleursemester gibt es ein vom Senior erstelltes Rahmenprogramm. Es beginnt mit der Semesterantritts- und endet mit der Semesterabschlußkneipe. Sie werden im allgemeinen am ersten Wochenende nach dem offiziellen Vorlesungsbeginn oder an dem vor Beginn der letzten Vorlesungswoche abgezogen. Es sind zwei offizielle Veranstaltungen, bei denen die Teilnahme für alle Aktiven Pflicht ist.

Im Kneipraum steht eine U-förmige Tafel. Oben sitzt, flankiert von seinen beiden Conchargierten, der Senior und präsidiert. Am unteren Ende des linken Teiles der Längstafel befindet sich der Fuchsenstall, in dem der

Fuchsmajor das Gegenpräsidium bildet. Eine weitere Sitzordnung gibt es nicht.

Beginn des Aktivenlebens

Einige Tage vor dem offiziellen Beginn des Couleursemesters waren alle Aktiven eingetroffen. Als ich sie nach und nach kennenlernte, stelle ich befremdet fest, daß kaum jemand von ihnen seiner Wehrpflicht genügt hatte. Das war mir nicht recht verständlich. Derjenige, der einer Schlagenden Verbindung beitrat, also – im unmittelbaren Sinne des Wortes – bereit war, den Kopf hinzuhalten, konnte nicht einfach als Drückeberger abgetan werden.

Lag es vielleicht daran, daß diese Süddeutschen – meistens Schwaben, einige Franken und Bayern – von Hause her „Preußens" distanziert gegenüberstanden? – Möglicherweise; wahrscheinlicher erschien es mir jedoch, daß sie zunächst freigestellt worden waren. Ich selbst hatte nach der Musterung den Bescheid erhalten, daß ich mit meiner Berufsausbildung beginnen könne und bei normaler Dauer nicht damit zu rechnen brauche, eingezogen zu werden. Dies traf auch auf die Corpsbrüder zu. Nach Beendigung ihres Studiums wurden etliche von ihnen – Allgemein-, Veterinär- und Zahnmediziner – eingezogen, um nach der allgemeinen Grundausbildung für die Dauer ihrer Dienstzeit als Militärärzte verwendet zu werden.

Der einzige, von dem ich wußte, daß er seinen Wehrdienst abgeleistet hatte, war ein Confuchs namens Drops. Der hatte Reserveoffizier werden wollen, es jedoch nicht geschafft.

„Drops" klang wie einer der Biernamen, die in früheren Zeiten üblich gewesen waren. Mit ihnen hatte man sich intern anstelle des Vor- oder Nachnamens angesprochen. Es war jedoch weder ein Bier- noch der Familien-Name. Er wurde nur wegen einer etwas merkwürdigen Angewohnheit verwendet. Dieser Fuchs pflegte nämlich nicht nur alle möglichen Gegenstände, sondern selbst Personen als „ulkigen Drops" zu bezeichnen. Daher wurde er selbst bald ebenso gerufen.

Die erste Veranstaltung, an der ich teilnahm, war die Semesterantrittskneipe. Der offizielle Teil, der pünktlich um 20.00 Uhr c. t. begonnen hatte, endete gut zwei Stunden später. Auf ihn folgte das Inoffizium, in dem kräftig gezecht wurde.

Auf den Tischen lagen die Kommersbücher. In jeder Ecke ihrer Vorder- und Rückseite war ein mehrere Millimeter dicker, halbrunder Messingnagel eingelassen. Dadurch sollte erreicht werden, daß auf dem Tisch vergossenes Bier so unter ihnen fließen konnte, daß es die Deckel nicht benetzte und dadurch beschädigte. Mochte diese Maßnahme bei den zügellosen Trinkgelagen früherer Zeiten zweckmäßig gewesen sein – jetzt waren sie vorbei.

Wurde ehemals „Bierjunge“ gerufen, galt dies nach dem seinerzeit herrschenden Biercomment als schärfste Beleidigung eines „bierehrlichen“ Burschen. Dieser mußte dann den anderen sofort fordern, und es kam gleich zur „Biermensur“. Diese war nichts anderes als ein nicht ernstzunehmendes Wettrinken, das durch den Konsum bestimmter Biermengen, die zwischen einem Halben und zwei Ganzen lagen, „ausgefochten“ wurde. „Sieger“ war derjenige, der sein Glas als erster geleert hatte.

Inzwischen waren – wie dieser – auch die anderen alten Trinkbräuche unüblich geworden. Niemand war – oder wurde gar – gezwungen, mehr zu trinken, als er wollte. Allerdings konnte jeder, den es darnach verlangte, nach wie vor jede beliebige Menge Bier in sich hineinschütten.

Es war und blieb mir schleierhaft, wie die meisten Aktiven an einem Abend zwölf bis dreizehn Halbe hinunterbringen konnten. Ich selbst hatte in den fast fünfeineinhalb Stunden meines Dabeiseins drei Halbe getrunken.

Die Couleurkarte, die ich als Gruß nach Hause schickte, ließ ich nicht von den aktiven Corpsburschen, sondern von Alten Herren unterschreiben. Als Grund gab ich an, daß einige, um nicht zu sagen viele, von jenen „nicht ganz anwesend waren“.

Das ließ sich auch beim Gesang nicht völlig überhören. Die Liedertexte waren nicht zotig, wie hin und wieder ebenso kenntnislos wie gehässig behauptet wurde. Bei vielen von ihnen fragte es sich bezüglich ihres Inhaltes jedoch, ob sie immer noch gesungen oder ob ihr Gedankengut nicht eher von Studentenhistorikern oder Volkskundlern untersucht und als Brauchtum vergangener Jahrhunderte bewertet und archiviert werden sollte.

Zu den regelmäßigen Praktiken gehörte keineswegs nur das Biertrinken, sondern auch der Fechtunterricht. An Paukstunden, die entweder morgens von acht bis neun oder in der Mittagszeit von zwölf bis eins stattfanden, hatte ich zunächst wöchentlich fünf belegt. Ich verringerte sie auf vier, weil ich durch die zeitliche Verlegung einer Vorlesung eine weitere hören und deswegen nicht mehr fünfmal üben konnte. Dennoch wollte ich mich so einpauken, daß ich gegen Ende des Semesters meine erste Partie schlagen konnte.

Mensurwesen

Auch auf dem Gebiet des Mensurwesens hatten sich die Zeiten geändert. War das Mensurenschlagen nach 1933, wenn auch nur unter bestimmten Bedingungen, straffrei gewesen, war es im Zweiten Weltkrieg verboten. Dabei beließen es die Alliierten, die nach der totalen Niederlage des Dritten Reiches 1945 in Deutschland die Macht ausübten. Erst vier Jahre nach Gründung der Bundesrepublik Deutschland erlaubte der Bundesgerichtshof das Schlagen von Mensuren. Dessenungeachtet weigerten sich mehrere Universitäten weiterhin jahrelang, die Schlagenden Verbindungen anzuerkennen. Ihr Widerstand war jedoch vergeblich; immer wieder unterlagen sie vor Gericht.

Bei der Bewertung einer Mensur war es rechtlich entscheidend, ob sie als Duell, d. h. als Zweikampf mit jedesmal möglichem tödlichen Ausgang, anzusehen war oder nicht. Wurde sie es, war sie verboten, ansonsten nicht, hatte doch der Bundesgerichtshof festgestellt, daß es sich bei ihr weder um einen Zweikampf mit tödlichen Waffen noch um einen Sittenverstoß handelte.

Nach dieser Entscheidung werden keine Duelle mehr ausgefochten, sondern ausschließlich Bestimmungsmensuren geschlagen. Die Paukanten kennen sich nicht persönlich. Auf entsprechenden Conventen vereinbaren die Consenioren die Partien. Dies richtet sich z. B. danach, wie viele Partien der einzelne bereits geschlagen hat, oder – neben anderem – auch nach seiner Körpergröße. Wenn diese bei Paukanten sehr unterschiedlich ist, ist der größere von ihnen wegen seiner längeren Arme im Vorteil. Bei den

Absprachen der Consenioren geht es darum, für die Paukanten annähernd gleiche Ausgangsbedingungen festzulegen, um für beide die Grundlage für eine möglichst faire Partie zu schaffen.

Diese – dreißig Gänge zu je fünf Hieben – wird entweder ausgefochten oder endet vorzeitig durch Abfuhr auf Schmiß, Technik oder Moral. Letzteres geschieht vor allem dann, wenn der Paukant nicht „steht", sondern „muckt", also den Kopf absichtlich zurückzieht, um einem Hieb auszuweichen.

Bei einer Abfuhr zieht die Partie nicht, d. h., sie ist ungültig, und es muß eine weitere, die Reinigung, gefochten werden. Genügt auch diese dem Mensurconvent nicht, wird der Paukant aus der Verbindung ausgeschlossen.

In diesen Zusammenhang gehört die p.p.-Suite, die auch als Corpshatz bezeichnet wird. Bei ihr handelt es sich um die Pro-Patria-Suite. Sie stammt aus der Mitte des achtzehnten Jahrhunderts. Damals hatten sich Studenten, die aus derselben Gegend stammten, zu Vereinigungen zusammengefunden, zu Landsmannschaften im unmittelbaren Sinne des Wortes. Ihre patria (Vaterland) war das, was man heute Heimat nennt.

So war beispielsweise Silesia die patria der Schlesier, Rhenania die der Rheinländer. Beleidigte nun eine Landsmannschaft eine andere, sah diese ihr „Vaterland" schmählich angegriffen. Dann fochten die jeweiligen Chargierten gegeneinander, danach weitere Angehörige der beiden Landsmannschaften.

Dieser Brauch wurde von den Corps übernommen, wobei sich die Bedeutung von patria später nur noch auf das eigene Corps bezog. Die p.p.-Suiten alter Art büßten ihren ursprünglichen Sinn ein, nachdem ein gutes Jahrhundert später die Bestimmungsmensur und die Säbelpartie eingeführt wurden. Durch letztere wurden Ehrenhändel ausgetragen.

Das war zwar interessant, doch dies alles bezog sich, wie ich meinte, auf Gegebenheiten, die Geschichte geworden waren. Hinzu kam, daß p.p.-Suiten nach dem örtlichen Paukcomment nicht erlaubt waren. – Jetzt erst, mehr als ein Menschenalter später, stellte ich fest, daß ich mich nie gefragt hatte, ob es überhaupt sinnvoll war, Bestimmungsmensuren zu schlagen. – War es das?

Während meiner Aktivenzeit hatte ich mir darüber keine Gedanken gemacht. Die Mensuren gehörten als selbstverständlich dazu, und ich schlug sie durch. Eines waren sie allerdings nicht, jedenfalls nicht für mich: eine Mutprobe. Ich wußte, daß man nicht getroffen werden konnte, wenn man sich gut genug deckte. Ich war immer gut eingepaukt und hatte mich vorher – das war das Wichtigste für mich – innerlich mit dem Schlagen auseinandergesetzt. Bevor ich antrat, hatte ich die Mensur bereits in Gedanken mehrfach durchgefochten.

Und jetzt? Jetzt stelle ich mir die Frage nach dem Sinn des Schlagens nicht mehr, weil sie für mich bedeutungslos geworden ist. Und mein Nadelverhältnis? Ich wußte nur noch, daß ich keine Nadel bezogen, wohl aber etliche ausgeteilt hatte – doch wie viele waren es gewesen? Ein knappes Dutzend oder noch weitere? Ich erinnere mich nicht mehr.

Fuchsenzeit

Neben den regelmäßigen Übungsstunden auf dem Fechtboden nahm ich an den Fuchsenstunden teil. In ihnen vermittelte der Fuchsmajor den Recipierten den Comment, wie die Regeln des studentischen Brauchtums zusammenfassend genannt werden.

Die Begriffe, mit denen ein bestimmter Sachverhalt bezeichnet wird, waren für den Uneingeweihten oft unverständlich. Das begann damit, daß einer ein krasser, ein anderer ein Brandfuchs war – je nachdem, ob jemand – wie der erstere – noch keine oder, wie dieser, bereits seine erste Partie geschlagen hatte.

Was ist eine Leibfamilie? – Auch ein Relikt aus vergangenen Zeiten, das seine inhaltliche Bedeutung weitgehend eingebüßt hat.

Ein Fuchs als Neuling sucht sich einen Corpsburschen als Leibburschen. Dieser hat die Aufgabe, ihn auf dem Convent zu vertreten, weil er selbst an ihm noch nicht teilnehmen darf. Weitere Aufgaben des Leibburschen, seinen Leibfuchsen mit dem Comment vertraut zu machen und ihn für die Mensur einzupauken, sind längst dem Fuchsmajor und einem externen Fechtlehrer übertragen worden. Zu den Zeiten, als unbedingte Satisfaktion gegeben wurde, hatte sich der Leibbursch für seinen Leibfuchsen zu schlagen, falls dieser gefordert worden war. Tempora mutantur, nos et mutamur in illis.

Heutzutage besteht ein Leibverhältnis, wie die Beziehung zwischen dem Leibburschen und einem oder mehreren Leibfüchsen genannt wird, vor allem in der Vertretung auf dem Convent. Ein äußeres Zeichen ist das Tauschen von Bierzipfeln mit eingravierter Widmung. Als persönliche Beziehung bleibt es auch späterhin bestehen.

Und „Schwarzwald"? Damit war sicherlich nicht das Mittelgebirge im Südwesten Deutschlands gemeint oder, falls doch, in einem so übertragenen Sinn, daß dieser nicht zu erraten war. Das galt auch für die offizielle Bezeichnung „Farbenverruf".

Es handelt sich um eine Ehrenstrafe, die den zeitlich begrenzten Ausschluß desjenigen symbolisiert, der schwerwiegend gegen den Comment verstoßen hat. Während dieser Zeit darf er keine Farben tragen, sondern er muß zu den offiziellen Veranstaltungen ohne sie im schwarzen Anzug erscheinen. Von dessen Farbe leitet sich die lässig-inoffizielle Bezeichnung „Schwarzwald" ab.

Mit Blick auf die jungen Damen, die vor allem zu den Tanzveranstaltungen vom Consenior offiziell eingeladen wurden, sagte der Fuchsmajor streng: „Merkt euch eins, Füchse: Eine Couleurdame ist mund- und geschlechtslos!" – In der Tat: Ich habe es nie erlebt, daß sich ein Corpsbruder ihnen gegenüber auf dem Haus fehlverhalten hat. – Doch außerhalb der Mauern?

Ich war bereits ortsabwesender Inaktiver, als mir eines Tages folgendes zu Ohren kam: Zu Beginn der Semesterferien hatte ein Aktiver einige Corpsbrüder zu sich nach Hause eingeladen. Einer von ihnen stammte aus dem südeuropäischen Land, in dem es seit alters her, seit der Zeit seiner schönen Ahnherrin Helena, völkerübergreifende Kontakte engster persönlicher Art gab; bekanntlich war Paris Trojaner.

Mochte es daran liegen, daß Geilikis Lumopoulos, vielleicht dieser Tradition verhaftet, einer Ortsschönen zu Mutterfreuden verhalf – als die Folgen seines Verhaltens bei ihr sichtbar wurden, wurde er unehrenhaft i. p. dimittiert.

Niemand konnte sich die Couleurdame selbst aussuchen, mit der er an einem Fest teilzunehmen wünschte. In der Regel wies der Consenior den Füchsen, wie jedem anderen Aktiven auch, eine Dame zu. Wollte jemand dennoch eine bestimmte Dame zugeteilt bekommen, mußte es der Convent vorher genehmigen. Nur wenn – was kaum vorkam – Damenmangel herrschte, war es ausnahmsweise erlaubt, eine persönliche Bekannte einzuladen.

Einmal hatte ich dies tun können. Es war eine hübsche Kommilitonin, die ich während meines Skiurlaubes kennengelernt hatte. Mit ihr war es besonders schön, den Sommernachtsball in den stilvollen Räumen eines der gepflegtesten Hotels der Stadt, dem „Regina", zu feiern.

Tanzveranstaltungen waren ein fester Bestandteil des Semesterprogramms. Damit „technisch" alles immer gut verlief, gab es eine Tanzstunde für die Füchse. Ihre Partnerinnen, meistens Primanerinnen, wurden von der Tanzschule gestellt. Sie tanzten reihum, hatten also bei jedem Tanz einen anderen Herren. Daher war es nicht möglich, mit einem der netten Mädchen, von denen etliche da waren, mehrere Tänze nacheinander zu absolvieren und sie etwas näher kennenzulernen. – War das etwa beabsichtigt?

Der Schwerpunkt lag mit Cha-Cha-Cha, Charleston und Rumba auf lateinamerikanischen Tänzen. Als einmal von letzterer die Rede war, erzählte eine ältere Dame lächelnd, daß sie und ihr Mann gern Rumba getanzt hätten. Bei einer Festlichkeit, die schon viele Jahre zurückliege, habe sich eine alte Tante immer aufgeregt und anderen zugerufen: „Kommen Sie, kommen Sie, die verwechseln schon wieder die Beine!"

Entsprechend eingeübt konnten die Füchse die Couleurdamen gut betanzen. – „Welch ein Ausdruck!" dachte ich, den ich auch jetzt noch als unschön empfinde.

Es handelte sich um eine gute Vorübung für das spätere Leben. So manches Mal hatte man schon jetzt eine Partnerin, der man nichts abgewinnen konnte. So konnte ich einmal nicht diejenige – mir durchaus sympathische – Dame betanzen, die zunächst für mich vorgesehen war. Sie war einem Keilgast vorbehalten worden, und ich hatte mit einer erheblich weniger attraktiven vorliebnehmen müssen. Dennoch verlief der Abend ganz neckisch, weil wir uns über bestimmte Dinge gemeinsam erheiterten.

Ein anderes Mal hatte mir Beta-Dalk, der Senior, die Freude an einem

Tanzabend verderben wollen. In dessen Bekanntenkreis gab es jemanden, die – mit zweite Hälfte zwanzig bereits „uralt" – darum gebeten hatte, ihr die Teilnahme an einer Tanzveranstaltung zu ermöglichen. Beta-Dalk hatte Palte, den Consenior, veranlaßt, sie einzuladen und sie mir zuzuteilen.

Ich war jedoch nicht darauf bedacht, Spaß zu haben. Ich fühlte mich so sehr als Repräsentant meines Corps, daß ich mich äußerst zuvorkommend verhielt. Als sie post festum gegenüber Beta-Dalk äußerte, ich sei doch ein sehr netter Fuchs gewesen, entging ihr dessen säuerliche Miene.

Nach diesen Erfahrungen hatte ich es nicht mehr für möglich gehalten – und war daher völlig verblüfft –, daß ein Damenfest sehr nett verlaufen konnte. In einem bestimmten Fall lag es daran, daß mir, wie ich amüsiert nach Hause schrieb, „beinahe was Dolles passiert" wäre: ich hätte fast mein Herz verloren, aber es sei nochmal gutgegangen.

Nachdem die Damen zwischen halb eins und halb zwei in der Frühe das Fest verlassen hatten, blieb ich noch eine Stunde länger. Als ich morgens um halb drei das Haus verließ, hatte sich alles in einem völlig commentmäßigen Rahmen gehalten. Selbst iaCB Zecher, dem Wein – äh, Bier –, Weib und Gesang viel mehr bedeuteten als ein ernsthaftes Studium, war kaum aus der Rolle gefallen.

Diese Tanzveranstaltung war eine der Wochenendveranstaltungen von fast üblich zu nennender Länge gewesen. Es kam sogar vor, daß ich nach einem inoffiziellen Tanzabend auf dem Haus noch später, erst um fünf Uhr morgens, im Bett war. Dann schlief ich bis mittags, und am Nachmittag nahm ich bereits an der nächsten, dieses Mal offiziellen kulturellen Veranstaltung teil.

So manches Mal wurde eine Nacht ganz durchgemacht, insbesondere nach den großen Bällen. Deren winterlichen Höhepunkt bildete ein Schwarz-Weiß-Ball in den Räumlichkeiten des Deutschen Theaters, das während der Faschingszeit für große Festlichkeiten ausgeräumt und, aufwendig dekoriert, hergerichtet worden war. Auf der Bühne hatte stets ein international bekanntes Spitzenorchester seinen Platz. Die unter Dirigenten wie Max Greger oder Hugo Strasser vollendet vorgetragenen Weisen trugen erheblich dazu bei, die Festlaune zu steigern. War die rauschende Ballnacht beendet, zog so manche frohgelaunte Schar in den frühen Morgenstunden in ein noch – oder schon wieder – geöffnetes Lokal oder aufs Haus, um den Ausklang zu feiern.

Wenn dies in der Frühe eines Sonntagmorgens geschah, war es unproblematisch. Kritisch wurde es erst, wenn es sich um den Morgen des darauffolgenden Tages handelte. Ich erinnere mich, daß nach dem Ende des Festballes, der während des Stiftungsfestes gefeiert wurde und der mir ausgezeichnet gefallen hatte, fast alle auf das Haus gezogen waren. Dort war es so hoch hergegangen, daß ich erst am Montagmorgen um sechs Uhr im Bett war. Das hinderte mich jedoch nicht daran, vier Stunden später an einer Proseminar-Sitzung teilzunehmen.

Nach Absolvierung dieser vormittäglichen universitären Pflichtveranstaltung ließ ich es mir jedoch nicht nehmen, nachmittags den Exbummel mitzumachen, der erst nach Mitternacht endete. – Wie habe ich das alles hinbekommen können? Wie auch immer, es war gegangen.

Bei vielen, teilweise sehr unterschiedlichen Gelegenheiten hatte ich meine Corpsbrüder nach und nach näher kennengelernt. Zunächst bei den offiziellen und inoffiziellen Veranstaltungen sowie dem täglichen Leben auf dem Haus, dann bei gemeinsamen Galerie-, Theater- und Kinobesuchen, Festkommersen und Gala-Bällen. Nur bei Vorträgen, Podiumsdiskussionen und weiteren Angeboten der Universität begegnete ich nie jemandem von ihnen. Auch kunsthistorische Fahrten in die nähere und weitere Umgebung machte ich meistens nicht mit diesen, sondern mit anderen Kommilitonen, die motorisiert waren.

Aktivenleben: Schein und Wirklichkeit

Von außen gesehen wirkte alles glänzend und harmonisch, doch intern war das keineswegs immer so. Erst nach und nach nahm ich innere Spannungen, Aversionen und Cliquenbildung wahr. Bei dieser handelte es sich nicht um den unterschiedlich engen Kontakt zwischen den einzelnen Corpsbrüdern, sondern um einen kleinen, intriganten Klüngel, der bestimmen wollte, was zu tun und was zu lassen war.

Er bestand aus nur drei Aktiven, dem Senior Beta-Dalk, seinem jüngeren

Bruder, der allgemein der kleine Beta-Dalk genannt wurde, und Palte. Jener ließ Beta-Dalk alles wissen, was im Fuchsenstall besprochen wurde und wegen der Vertraulichkeit nicht weitergetragen werden sollte. – So kam es, daß dieser Senior auch über die Ansichten der Füchse immer genau informiert war.

Es dauerte nicht lange, bis ich die Taktik durchschaut hatte, die Beta-Dalk auf den Conventen anwandte. Nachdem er einen Sachverhalt vorgetragen hatte, ließ er die Corpsburschen zu Wort kommen. Aufmerksam hörte er zu, ohne sich zunächst in die Diskussion einzumischen. Erst wenn er herausgefunden hatte, welcher Ansicht die Mehrheit zuneigte, äußerte er sich wieder. Wenn er selbst anderer Auffassung war, behielt er diese für sich und äußerte sich jedesmal im Sinne der Hauptmeinung. Auf diese Weise stellte er sich stets als deren Befürworter und Repräsentant dar. Daher fand er immer wieder allgemeine Zustimmung und konnte leichter als anderenfalls gegen jemanden vorgehen, der sich nicht in seinem Sinne verhalten wollte.

Die Dreier-Clique bezeichnete ich für mich verächtlich als „die Sippschaft“. Besonders hatte es mich entrüstet, wie sie mit meinem Confuchsen Jürgen Perger umgesprungen war.

Dieser hatte die Angewohnheit, beim Fechten dann, wenn er einen Hieb austeilte, den Oberkörper nach vorn, ihn beim Parieren nach rückwärts zu neigen. Dabei schwang sein Kopf stets rhythmisch mit. Diese Eigentümlichkeit veranlaßte die Sippschaft, wider besseres Wissen zu behaupten, Perger habe während der Mensur gemuckt. Obwohl dieser den Kopf nicht zurückgezogen hatte, wurde er abgeführt und mußte eine Reinigung fechten. Da auch diese dem Mensurconvent – wiederum auf Betreiben der Sippschaft – nicht genügte, wurde er aus dem Corps ausgeschlossen.

Das hatte nun dieser standhafte Fuchs davon, daß er nicht im Sinne der Sippschaft „gespurt“ und mit ihr nicht mitgekneipt hatte! Ich hatte für ihn nicht eintreten können, weil ich als Fuchs weder Sitz noch Stimme auf dem Convent hatte.

Es dauerte nicht lange, bis mir der kleine Beta-Dalk, ein Fuchs im zweiten Semester, in die Quere kam. Nach Naturell und Verhalten war dieser kein Waffenstudent. Hätte er sich frei entscheiden können, hätte er – nicht nur nach meiner Überzeugung – gekniffen und wäre keiner Schlagenden

Verbindung beigetreten. Dazu hatte er sich jedoch gezwungen gesehen, weil sein Vater Alter Herr und sein Bruder bereits aktiv geworden war. Nun gehörte auch er dem Corps an, doch als der großspurige Drückeberger, der er war, war er bei fast allen Confüchsen sehr unbeliebt.

Der kleine Beta-Dalk war ein schlechter Fechter. Während seiner zweiten Fuchsenpartie drehte er sich, sich ungenügend deckend, so aus der Mensur, daß er von einer gut geschlagenen Außenquart voll getroffen wurde. Mit durchgeschlagener Temporalis wurde er auf Schmiß abgeführt. Die Wunde wurde mit acht oder neun Nadeln genäht, wie üblich ohne Betäubung. Ob es schmerzlindernd wirkte, daß die Partie zog und er geburscht werden konnte?

Die beiden weiteren Pflichtpartien, die Burschenpartien, schlug der kleine Beta-Dalk nicht – angeblich aus medizinischen Gründen. In Wirklichkeit handelte es sich um eine von kaum jemandem geglaubte Ausrede zur Bemäntelung seines Duckmäusertums. – Zur Ehre aller anderen sei gesagt, daß keiner von ihnen feige war und sie sich ausnahmslos mannhaft schlugen.

Das Skurrilste, das ich auf einem Mensurtag miterlebte, ließ sich am ehesten als „medizynisch“ bezeichnen.

„Ich bin getroffen worden“, rief der Paukant während einer der kurzen Fechtpausen seinem Sekundanten zu.

Der entgegnete: „Du hast nichts abbekommen.“

„Doch! Ich spüre es deutlich. Mitten auf der Stirn, oberhalb der rechten Augenbraue.“

Der Paukant war zwar nicht verletzt worden, doch ließ er sich den nur eingebildeten Treffer nicht ausreden. Das veranlaßte den Sekundanten – ebenso ein angehender Mediziner wie der Paukant – nach Ende der Partie, einige Worte mit dem Paukarzt zu wechseln. Dieser nähte dann etwas und umwickelte den Kopf mit einem leichten Verband.

„Abends können Sie ihn unbedenklich wieder abnehmen.“

„Heute abend auf der Kneipe“, setzte der Sekundant hinzu.

„Die richtige Gelegenheit, um den Kopf wieder freizubekommen“, lächelte der Paukarzt. – „Und um allen den Schmiß zu zeigen“, fügte der Fuchs, der sich gut geschlagen hatte, in Gedanken hinzu.

Nachdem der offizielle Teil der Kneipe vorüber war, wurde der Verband entfernt. Die Reaktion der Corona war allerdings völlig anders, als sie der Fuchs erwartet hatte: Sie bestand in einem homerischen Gelächter. Irritiert blickte er um sich. Da trat ein Confuchs auf ihn zu, der ihm auf Geheiß des Fuchsmajors einen Spiegel vors Gesicht hielt. – Was sah er? Nicht etwa einen Schmiß, sondern einen mehrere Zentimeter großen Mantelknopf, der ihm mit wenigen leichten Stichen unblutig an die Stirn geheftet worden war.

Eines Tages verpflichtete Beta-Dalk seinen Bruder, das Corpswappen, das in der Universität in einem Schaukasten hing, zu befestigen, weil es sich aus seiner Halterung gelöst hatte. Da sich dieser – wenn möglich – vor der Durchführung selbst des kleinsten Auftrages drückte, meinte er, das könne doch ich tun, der ja auch in die Uni gehe. Ich sagte zu, weil ich nicht geschickt im Erfinden nichtiger Ausreden war. Zunächst vergaß ich die Sache und kam dann aus etlichen terminlichen Gründen nicht mehr dazu, sie rechtzeitig in Ordnung zu bringen.

Auf dem nächsten CC kam der Vorgang zur Sprache, und ich wurde mit einem protokollierten Verweis bestraft. Das hätte mich nicht weiter gerührt, wenn er nur die Folge meines Unterlassens gewesen wäre. Hier handelte es sich jedoch um etwas anderes.

Deutlich erinnere ich mich, wie erstaunt ich gewesen war, Beta-Dalk mittags gerade an dem Tag in der Uni getroffen zu haben, an dem abends der CC stattfand. Wollte der Senior kontrollieren? Er stand zwar vor dem Corpswappen, kritisierte jedoch nicht, daß es noch nicht gerichtet worden war. Im Gegenteil, betont freundlich sprach er vom guten corpsbrüderlichen Zusammenhalt, der auch weiterhin so sein sollte. Nur wenige Stunden später spielte er die Angelegenheit hoch und ging gegen mich vor.

Dieses hinterhältige Gebaren ließ vermuten, daß es sich in erster Linie nicht um die Sache, sondern darum gehandelt hatte, mir eins auszuwischen. Endlich hatte sich eine Gelegenheit geboten, mir beizukommen – mir, dem „Musterknaben", der sich bisher unangreifbar korrekt verhalten hatte.

„Ist registriert", dachte ich. Es war für mich wichtig, erfahren zu haben, daß Ehrlichkeit und Anständigkeit im Reden und Handeln nicht jedermanns Sache sind.

Gegen Ende des Semesters feierte ich Geburtstag – zum erstenmal nicht im Elternhaus. Es begann schon am Vorabend. Von dem mehr inoffiziellen als offiziellen Umtrunk bei einem befreundeten Corps verabschiedete ich mich etwas früher, um mit meinem Leibburschen Richard bei einem Glas Sekt auf meiner Bude gut in meinen Geburtstag hineinzukommen.

Diesen Tag verlebte ich angenehm. Daß von ihm auf dem Haus nicht weiter Notiz genommen wurde, störte mich nicht. Meinerseits hielt ich es nicht für nötig, dies vielen mitzuteilen. Hätte ich es getan, hätte die vermutlich einzige Folge im Spendieren eines Kasten Bieres bestanden. Den Betrag hierfür konnte ich anderweitig zweckmäßiger verwenden.

Mit meinem Leibburschen, einem etwas älteren Inaktiven, verstand ich mich gut. Gelegentlich wurde er Richard II. genannt, weil sein Vater, ein Alter Herr, ihn auf seinen eigenen Vornamen hatte taufen lassen. In dessen Haus erlebte ich bei Wochenendbesuchen immer wieder eine gediegene Gastfreundschaft, die über Tafelfreuden hinaus stets Kulturelles bot, wie Ausflüge zu Sehenswürdigkeiten in die nähere und weitere Umgebung.

Nachdem ich das erste Semester auf dem Haus gewohnt hatte, mietete ich vor Beginn des nächsten, nur fünf Gehminuten – oder eine Straßenbahnhaltestelle weiter – von ihm entfernt, ein möbliertes Zimmer. Ob es sich um eine „sturmfreie Bude“ handelte, in der zu jeder Tages- und insbesondere Nachtzeit Damenbesuch möglich war, hatte ich nicht erfragt.

Es lag Tür an Tür mit der meines Leibburschen, der es mir vermittelt hatte. Noch lange erinnerte sich dieser gern an die diversen gemütlichen Abende auf unseren Buden. Es sei, wie er mir Jahre später einmal schrieb, manchmal doch recht nett gewesen – „wie hätten da gewisse ‚Leute‘ gestört!“

Die Nähe zum Haus und insbesondere der persönliche Kontakt glichen manchen Nachteil aus, wie den, daß es kein fließendes Wasser gab. Ich mußte mich mit einem Lavabo begnügen. Doch da es auf der gegenüberliegenden Straßenseite ein großes Freibad mit guten Duschmöglichkeiten gab, war dies einigermaßen erträglich. Den Kühlschrank der Vermieterinnen durfte ich benutzen – allerdings nur so lange, wie Platz vorhanden war. Meine Lebensmittel fand ich regelmäßig dann draußen liegen, wenn die Lagerfläche nicht ausreichte, um Nahrung wie frische Leber für den Zimmertiger, wie ich die verzogene Angorakatze nannte, zu kühlen.

Aufs Ganze gesehen, überwogen jedoch die Vorteile. Ich konnte besser, d. h. ungestörter, als bisher arbeiten, weil es kein ständiges Kommen und Gehen wie auf das Haus gab. Außerdem kam ich nicht in Versuchung, mir zwischendurch ein Bier zu holen, das dort kistenweise stand. Vor allem aber konnte ich immer für mich allein sein.

Auch kulturelle Veranstaltungen besuchte ich oft allein, wie z. B. eine Ausstellung über französische Malerei der Gegenwart. Zwar hatte mir ein halbes bis ganzes Dutzend Bildnisse zugesagt, doch die allermeisten der Bilder, Gemälde oder wie man diese Farbzusammenstellungen sonst bezeichnen wollte, gefielen mir entweder nicht oder sie sagten mir nicht das geringste.

Daher gönnte ich mir eine Pause, um in einem Nebenraum ein Werk zu bewundern, das nicht zur Ausstellung gehörte. Es zeigte ein hübsches schwarzhaariges Mädchen, das mit anmutiger Gebärde nach einer der Früchte griff, die in einer großen Schale lagen.

Ich setzte mich auf eine Bank, die dem Kunstwerk direkt gegenüberstand, und erfreute mich an ihm. Dann und wann machte ich mir Notizen. Ich war so sehr in meine Betrachtung vertieft, daß ich nicht die Besucher bemerkte, die sich hinter mir gesammelt hatten. Erst als ich ihre Stimmen hörte, nahm ich sie wahr und blickte auf. Hin- und herstolzierend, schauten sie das Gemälde aus verschiedenen Blickwinkeln an und äußerten sich mit kurzen Worten über es.

Was wollten diese Leute, aus deren überspannten, in selbstgefälligem Ton geraunten Bemerkungen ihr mangelndes Sachverständnis leicht herauszuhören war? Hielten sie mich etwa für einen Kunstkritiker, der sich einiges für eine Besprechung in einer Fachzeitschrift notierte? Fast hätte ich aufgelacht, als mir dieser Gedanke kam. Ich war jedoch nicht in der Stimmung, diesen Leuten einen Dämpfer zu versetzen.

So manches Mal streifte ich allein durch die Stadt oder durch den herrlichen Park, der nicht weit von Haus und Bude entfernt lag. Dies war eine Art Entspannung vom Corpsbetrieb, von dem ich in der Mitte des Semesters meinte, daß in mir einiges durchdrehte.

In zwei Wochen hatte ich bei zehn offiziellen Veranstaltungen anwesend zu sein. Sie reichten von der Teilnahme in Couleur an einer Feier zum Tag der Deutschen Einheit in der Universität, bei der der Bundespräsident eine

Rede hielt, über einen hochoffiziellen repräsentativen Theaterbesuch, für den alle am Ort vertretenen Korporationen den ganzen „Musentempel" gemietet hatten, sowie mehrere corpsinterne Anlässe bis zu einem Weindämmerschoppen mit Damen.

Gegen Ende meines zweiten Couleursemesters schlug ich die nächste Fuchsenpartie, bei der ich meinen Gegenpaukanten abführte. Einige Zeit später traf ich mich mit ihm zum Tausch der Partienschieber auf dem Haus.

Auf der Vorderseite dieser Metalltäfelchen ist der Zirkel des Corps eingraviert, auf dessen Farben geschlagen worden ist. Auf der Rückseite steht der Name des Paukanten, der es „s/w. Gpk." – seinem werten Gegenpaukanten – widmet, der ebenfalls namentlich genannt wird. Ein nach oben gerichtetes Paar gekreuzter Schläger zeigt an, daß die Partie gezogen hat. Das Datum neben ihnen gibt den Tag an, an dem sie geschlagen worden ist. Diese Partienschieber werden in der Reihenfolge der geschlagenen Mensuren an einem Weinzipfel getragen.

Auf dem letzten Convent des Couleursemesters wurde ich geburscht und zum Senior für das nächste gewählt. Die beiden anderen Chargierten waren als Consenior Palte und Drops als Subsenior; Fuchsmajor wurde Beta-Dalk.

Sollte die Sippschaft nun meinen, mich so „eingerahmt" zu haben, daß sie mich beeinflussen konnte, so hatte sie sich geirrt. Gegen Drops hatte ich nichts einzuwenden. Der war ein braver Bursch, der sich in seiner Biederkeit von der intriganten Hinterhältigkeit der beiden anderen deutlich unterschied.

Senior

Das dritte Couleursemester begann für mich als den neuen Senior mit umfangreicher Arbeit. Besonders viel war ich mit Keilen beschäftigt, das einige Male erfolgreich war. Auch entsprach ich dem Wunsch Alter Herren, ihren Sohn oder Neffen, dessen gute Eigenschaften sie ausführlich hervorhoben, für den Eintritt in das Corps zu gewinnen, doch in diesen Fällen keilte ich vergeblich. Sie teilten, wie sie mir offen sagten, nicht die Begeisterung, mit der ihre Väter oder Onkel für das Leben in einem Corps schwärmten.

Es kam auch vor, daß ein besonders engagierter Alter Herr seinen Sohn mehrmals zu hochoffiziellen Veranstaltungen mitbrachte. Da sich dieser jedesmal danebenbenahm, lag es nahe zu vermuten, daß er auf diese ungehörige Weise vorsätzlich gegen die wiederholten väterlichen Versuche protestierte, ihn zum Eintritt in das Corps zu bewegen. Er wurde nicht aktiv.

Vielleicht erklärt sich aus dieser Ablehnung von Altherrensöhnen die Äußerung eines Alten Herrn: „Wenn ich einen Sohn hätte, der zwar studieren, aber nicht aktiv werden wollte, dann wäre es mir lieber, gar keinen Sohn zu haben."

Diese Meinung empfand ich als völlig überspitzt. Oder wollte der, wie ich mir später einmal überlegte, mit solchen Worten nur überspielen, daß er keinen Sohn hatte? – Wie dem auch sein mochte: Semester nach Semester wurden neue Füchse aufgenommen.

Zu ihnen gehörte mein alter Kamerad Peter Quedlin. Nach Beendigung seiner Militärdienstzeit hatte dieser zunächst an einer norddeutschen Universität zu studieren begonnen. Das war für ihn zwar sehr bequem, weil er am Hochschulort zu Hause wohnte, doch er wollte nicht ständig an Mutters Rockschößen hängen. Daher entschloß er sich, sein Studium an einer süddeutschen Universität fortzusetzen, und zwar an der, an der auch ich immatrikuliert war. So kam ich zu einem Leibfuchsen.

Der erste Convent, den ich leitete, ging glatt über die Bühne, dauerte jedoch bis eine halbe Stunde nach Mitternacht. Damit endete gleich die erste offizielle Veranstaltung in aller Frühe. Das war auch bei zahlreichen weiteren der Fall.

Nach einer sehr gelungenen Dichterlesung verließ ich „schon“ um halb zwei morgens das Haus. Die letzten gingen zwei Stunden später.

Das Haus war vollständig überfüllt gewesen, weil unter den Zuhörern etliche völlig fremde Besucherinnen gesessen hatten. Angeblich hatte es in der Zeitung gestanden und war durchs Radio gekommen, daß der Vater des „lieben Augustin“ auf dem Haus aus seinen Werken lesen würde.

Das Ganze war merkwürdig, weil Medien keine geschlossenen internen Veranstaltungen ankündigten. Dennoch – auf irgendeinem Wege war es bekannt geworden, und „man“ war erschienen. Über die seltsame Umgangsform, uneingeladen in eine nichtöffentliche Gesellschaft einzudringen und sich nicht vorzustellen, verlor niemand ein Wort.

Nach dem Abgang dieser durchweg ältlichen „Überraschungsgäste“ äußerte sich die Kritik an ihrem Auftreten in der Bemerkung, daß es sich bei ihnen wohl um weibliche Wesen gehandelt habe, die sich der Kunst in die Arme geworfen hätten, weil ihnen diese als einzige noch offenständen.

Manchmal wurde es noch später, wie bei einer gelungenen Feuerzangenbowle. Nachdem meine offizielle Dame bereits eine halbe Stunde vor Mitternacht von ihren Eltern abgeholt worden war, blieb ich bis gegen halb sechs Uhr morgens.

Mit meiner Chargenarbeit kam ich gut zurecht, auch wenn sie durchweg zeitraubend war. Zum Ausgleich ging ich oft mit mir nahestehenden Corpsbrüdern ins Theater. Stücke von Klassikern wurden ebensogern gesehen wie die zeitgenössischer Autoren.

Gelegentlich ging es nur darum, sich zu entspannen. Dann wurde ein bestimmtes Kino namens Türkendolch aufgesucht – weniger wegen des Inhaltes der Filme, oft Krimis, als vielmehr wegen der Juxereien während der Vorstellung. Man konnte so gut wie sicher sein, daß etliche Zuschauer Lärm- und Musikinstrumente mitgebracht hatten. Mit diesen Kuhhörnern und -glocken sowie Trompeten wurde bei passend erscheinenden Szenen „musiziert“. Einmal waren sogar zwei Geigen vertreten, auf denen während einer wilden Schießerei die ersten Takte aus der Kleinen Nachtmusik intoniert wurden.

Zurufe trugen ebenfalls zur allgemeinen Erheiterung bei. Wenn sich der Held beispielsweise einer asiatischen Schönheit zuwandte, wurde er sofort lauthals aufgefordert, „sauber" oder „deutsch" zu bleiben. Manchmal wurde er auch ausgelacht, so, wenn er auf Gangster schoß, die hinter einem Faß in Deckung gegangen waren, der Whisky jedoch nicht aus Einschußlöchern, sondern aus dem Zapfhahn strömte.

Eine solche Belustigung war keineswegs ständig möglich. Es gab Wochen, in denen ich von Montag bis Freitag, also abends immer, mit Corpsangelegenheiten beschäftigt war. Dann fragte ich mich ingrimmig, an welchem Abend ich da noch zum Studieren kommen sollte.

Sogar an Sonntagen gab es einige Verpflichtungen, die ich jedoch nicht als Belastung empfand. Es ging darum, für den Ball auf dem Höhepunkt der Faschingssaison, den die ortsansässigen Corps gemeinsam feierten, Tänzer zu stellen. Er sollte mit einer Polonaise und einer Française eröffnet werden, die von Aktiven und ihren Damen getanzt werden sollten. Diese Tänze wurden bei mehreren Proben eingeübt. Ich als Senior ließ es mir nicht nehmen, mich zu beteiligen.

Da Consenior Palte die Dame, die für mich vorgesehen war, dem Fuchsmajor zugeteilt hatte, sah es zunächst so aus, als ob ich mit der – bereits etwas angejahrten – Tochter des Altherrenvorsitzenden vorliebnehmen müßte. Diese hätte sich zwar zum Ball ausführen lassen, doch wollte sie nicht an den Ballproben teilnehmen. Kurz und bündig erklärte sie, daß sie ihren sonntäglichen Skikurs nicht vernachlässigen wolle. Den um Vermittlung bemühten Consenior ließ sie kurzerhand wissen, sie säße lieber bei ihrem Vater, als daß sie die Polonaise mittanze.

Das alte Mädchen ahnte gar nicht, einen wie großen Gefallen es mir mit der Absage machte. Mein Behagen steigerte sich noch, als anstelle ihrer eine andere, viel hübschere und überdies jüngere Altherrentochter meine Partnerin wurde.

Diese sonntäglichen Aktivitäten hinderten mich nicht daran, mehrere Faschingsbälle zu besuchen. Ich konnte es unbekümmert tun, weil ich in diesem Semester mit der Fertigstellung meines schriftlichen Referates für das historische Hauptseminar die Hauptarbeit geleistet hatte.

Der Medizinerfasching, an dem ich mit einigen Corpsbrüdern teilnahm, gefiel mir nicht besonders. Es waren keine Mädchen da, die mir zusagten. Auf diesen Festen, bei denen alles herumhüpfte, kam ich mir irgendwie zu alt vor. Das war ich nicht; ich hatte mir nur nicht verdeutlicht, daß es lediglich die Form und die Art solcher Feste waren, die mir nicht zusagten, und daß ich mich deswegen auf ihnen nicht richtig wohlfühlte. Vielleicht würde es beim „Gaudimax", dem angeblichen Höhepunkt des Studentenfaschings, anders sein.

Das war es in der Tat. Der Gaudimax im „Regina" gefiel mir viel besser als der Medizinerfasching. Die Atmosphäre war netter, und es waren auch einige Mädchen da, die mir ganz gut gefielen. Dennoch konnte ich mich nicht überwinden, mit ihnen zu tanzen. Als ich post festum mein Verhalten analysierte, fand ich den Grund.

Ich hatte vor den Anfang schon das Ende gesetzt, d. h., ich hatte gleich immer gedacht, ich sei nach dem Tanz irgendwie verpflichtet, auszugehen oder sonst etwas zu unternehmen. Jetzt erkannte ich den Unsinn meiner Ansicht. Diese Faschingssaison würde zwar in wenigen Tagen vorbei sein, doch die gewonnene Einsicht galt über sie hinaus.

Zwischendurch ging es zu einer Freundschaftskneipe, zu der ein befreundetes Corps eingeladen hatte. Sie wurde in Form einer Lumpenkneipe abgezogen, d. h., jeder kam kostümiert und mit einem möglichst originellen Trinkgefäß. An ihm erwies sich wieder einmal, wie unterschiedlich der Geschmack war. Während ich meine Wasserkaraffe mitgenommen hatte, prunkte der kleine Beta-Dalk mit einer voluminösen rosafarbenen Mitternachtsvase aus Plastik.

Außerdem war ich immer wieder auf dem Paukboden zu finden, um mich für meine dritte Partie einzupauken. Wegen der Vielzahl der Partien, die an diesem Tage geschlagen wurden, trat ich erst gegen neun Uhr abends an. Während ich meinen Gegenpaukanten auf Schmiß abführte, hatte ich nur einige unwesentliche Kratzer abbekommen. Dessen Speer hatte sich so gedreht, daß er mich erst an der rechten Hälfte der Unter-, dann der Oberlippe getroffen und eine kleine Wunde verursacht hatte. Sie war belanglos, weil das Nasenblech eine ernsthafte Verletzung verhindert hatte.

Diese Kratzer hatten es, wie ich ironisierte, zu zwei commentmäßigen Blutstropfen kommen lassen. Sie hinderten mich nicht, anschließend mit einer Corona von ungefähr zwanzig Mann aufs Haus zu ziehen, um dort ein

Fäßchen Starkbier, das vom offiziellen Starkbierumtrunk einige Tage zuvor übriggeblieben war, endlich seiner Bestimmung zuzuführen.

Wegen dieses Kratzers hatte sich der Consenior während eines Telefongesprächs mit einer Altherrendame ungewollt ein Ding geleistet. Als sich diese nach den Partien und außerdem nach meinem Wohlbefinden erkundigte, hatte er geantwortet: „Es ist alles gutgegangen. Nur der Senior hat eins über den Schnabel bekommen. Er kann nicht mehr küssen."

Als die gnädige Frau daraufhin in ein mordsmäßiges Gelächter ausbrach, fiel dem Consenior – erst jetzt, zu spät – ein, daß ihre Tochter meine Dame für den SC-Ball war. Auf diesem zeigte es sich, daß ich alles andere als zu alt zum Feiern war. Es war eine rauschende Ballnacht, die mir ausgezeichnet gefiel. Solche Feste sagten mir zu, weil alles stimmig war. Phantastische Dekorationen bildeten die Kulisse, vor der sich die festlich gekleidete Gesellschaft bewegte. Schon die jungen Damen trugen Abendkleid, und die Herren paradierten im Smoking, vereinzelt auch im Frack. Das Spitzenorchester unter der Leitung Max Gregers begeisterte mit seinen meisterhaft gespielten Melodien so sehr, daß sich auch mancher, der dem Tanzen sonst nicht viel abgewinnen konnte, schwungvoll über das Parkett bewegte.

So war es kein Wunder, daß es mir ausgesprochen Spaß machte, die Polonaise und die Française zu tanzen, mit denen der Ball eröffnet wurde. Hinzu kam, daß meine Dame sehr nett war und wir uns gut unterhielten. Gegen halb vier Uhr morgens verließen wir das Fest, um aufs Haus zu ziehen und bei Sekt weiterzufeiern. Gegen sieben Uhr ging meine Dame, weil sie eine Stunde später an ihrem Arbeitsplatz zu sein hatte. Ich selbst schlief nur eine Stunde, um mich dann mit Althochdeutsch zu beschäftigen.

Ganz anders war der Corpsfasching. Leicht gewandet – meinen Smoking hatte ich mit einem alten Indianerhemd und einer leichten Hose vertauscht –, wurde wieder eine Nacht durchgemacht, bis nach sieben Uhr morgens am nächsten Tag. Da dieser ein Sonntag war, konnte ich mich ausschlafen.

Dem offiziellen Corpsfasching folgte bald darauf eine inoffizielle Faschingsnachfeier. Da die Dame, die ich einladen wollte, bereits anderweitig vergeben war, ging ich zunächst ins Theater und erst danach aufs Haus. Dort blieb ich bis drei Uhr morgens, um in der Kellerbar einem Alten Herrn behilflich zu sein, die Sektbestände zu reduzieren.

Am nächsten Tag und Abend wurde weitergemacht. Es ging nicht sehr commentmäßig zu, und manches Küßchen wurde getauscht. Auch wenn es Fasching, noch dazu in München, war – in früheren Zeiten war so etwas nicht möglich gewesen, doch jetzt war es das. Wie war dieses Verhalten, das ja nichts anderes als das Aufweichen einer überkommenen Umgangsform war, zu beurteilen?

Erstaunt stellte ich fest, daß es mir einerlei war, wie sich die anderen aufführten. Über die Gründe für meine Gleichgültigkeit machte ich mir jetzt keine Gedanken. Ich meinte nur, daß ich es – wenn es schon soweit gekommen war – für besser hielt, daß die Corpsbrüder auf dem Haus feierten, auf dem sie sich vielleicht noch ein kleines bißchen zusammennahmen, als wenn sie irgendwo in der Stadt versumpften.

Die drei tollen Tage wurden ganz durch den Fasching bestimmt. Nach dem Betrachten des Rosenmontagsumzuges setzte ich mit mehreren Corpsbrüdern auf dem Haus die Feierei fort. Am Faschingsdienstag ging es gleich weiter. Vormittags tauchte ich gegen halb elf bei einem Corpsbruder auf, der zu einem Sektfrühstück eingeladen hatte. Ich kam gerade noch zurecht, die letzten drei der drei Dutzend Brötchen, die der Gastgeber bestellt hatte, zur Grundlage für die flüssige Nahrung zu machen.

Anschließend ging's zu mehreren auf den Viktualienmarkt, um die tanzenden Marktfrauen zu sehen. Es wurden zwar keine ausgemacht, doch es war auch so genug los. Danach ging's in den „Augustiner" zum Mittagsschoppen. Ich verließ ihn gegen halb vier, um mir das Faschingstreiben in der Innenstadt anzusehen. Von dort zog ich mich auf meine Bude zurück, schlief eine dreiviertel Stunde und ging dann aufs Haus, um Faschingskehraus zu feiern. Gegen drei Uhr morgens erreichte ich meine Schlafstätte.

Corpshatz

Neben aller Faschingstollerei ergaben sich ernste Situationen. Eine von ihnen zeigte mir, daß ich mich geirrt hatte, wenn ich das Thema „p.p.-Suite" für Vergangenheit hielt. Eine bestimmte Begebenheit ließ eine solche für mein Corps als möglich erscheinen.

Um sie gedanklich vorzubereiten, wandte sich einer der engagiertesten Alten Herren an mich. Zwischen uns kam es zu einem intensiven Meinungsaustausch.

Der Alte Herr Carl Heinrich war über vierzig Jahre älter als ich und gehörte zu dem engsten Kreis der Corpsbrüder um meinen Vater. Das mochte der Grund sein, daß er sich mir gegenüber in völliger Offenheit äußerte.

„Ich möchte mit dir über ein Thema sprechen, das mich stark berührt. Du kennst meinen kompromißlosen Kurs in Sachen Ehrenordnung und Mensur und meine positive Einstellung zur Corpshatz. Deswegen sind mir einige Bünder im Gesamtverband der Corps gram.

Das stört mich nicht, doch mich beschäftigt etwas anderes. Ich würde zwar den scharfen Kurs segeln – doch stünde, wie ich beiläufig gefragt wurde, mein eigenes Corps in dieser Richtung hinter mir? Diesbezügliche Bedenken habe ich bislang nie gehabt. Doch jetzt höre ich so am Rande, daß die Mensurfreudigkeit nicht mehr so ist wie vor etlichen Semestern, vor allem aber die Corpshatz?!

Ich möchte dich bitten, mir über diese Umstände einmal völlig reinen Wein einzuschenken. Was ich aus vorsichtigen Gesprächen herausgehört habe, veranlaßt mich zu folgenden Überlegungen: Ich kann keine harte Linie vertreten und dies auch von anderen verlangen, wenn in dieser Hinsicht auch mein eigenes Corps tatsächlich Schwäche-, wenn nicht gar Aufweichungssymptome aufweist. Wenn dem so ist, wäre dies für mich eine so hochnotpeinliche Situation, daß ich aus innerlicher Befangenheit zweifellos die Konsequenzen für meine Tätigkeit im Gesamtverband ziehen würde bzw. müßte."

So unverblümt, wie es AH Carl Heinrich gewünscht hatte, antwortete ich ihm. Ich schickte voraus, daß ich lediglich meine private Meinung darlegen würde, weil ich diejenige der Corpsbrüder mehr vermuten als wissen könne.

„Die sozusagen ‚offizielle' Begründung zur p.p.-Suite lautet, daß sie nach dem hiesigen Paukcomment nicht erlaubt ist. – Doch nun meine eigene Ansicht: Ich bekenne mich", betonte ich nachdrücklich, „vorbehaltlos zur Bestimmungsmensur als einer Sportmensur, weil sie erzieherische und sportliche Momente besitzt und das Band ist, das das Corps zusammenhält. Eine p.p.-Suite aber lehne ich in der heutigen Zeit ebenso strikt ab, weil bei ihr sämtliche der eben genannten Werte verlorengegangen sind. Es stehen sich nicht zwei technisch ungefähr gleich gute Paukanten gegenüber, sondern zunächst die Chargierten und dann so lange weitere Burschen, wie es die Zahl der Partien erfordert. Irgendwie besitzt eine derartige Auseinandersetzung, wenn sie schon kein ‚richtiges' Duell ist, doch duellartige Züge."

Dann argumentierte ich mit der Rechtslage. „Der damalige Bundespräsident Heuß und einzelne Universitäten haben die Schlagenden Verbindungen nur deswegen anerkannt und zugelassen, weil sie sich ausdrücklich vom verfassungswidrigen Duell distanziert und sich – allerdings ebenso eindeutig und ausschließlich – zur Bestimmungsmensur bekannt haben. Hierauf haben sich Gerichtsurteile wie in Berlin oder Frankfurt gestützt, durch die Universitäten gezwungen wurden, Schlagende Verbindungen bei sich zuzulassen.

Wenn nun eine p.p.-Suite publik wird – was heutzutage nicht zu vermeiden ist –, dürfte es zu einem Skandal kommen. Ich halte es für wahrscheinlich, daß sofort ein Antrag auf Verbot der Schlagenden Verbindungen gestellt wird. Selbst Richter, die die Bestimmungsmensur nicht verwerfen, würden – nein müßten – ein solches Verbot aussprechen. Man hat ja die eigene, freiwillig abgegebene feierliche Versicherung gebrochen und ist in Konflikt mit der Verfassung geraten.

Dies würde denjenigen Presseorganen nicht widerlegbare Argumente gegen die Schlagenden Verbindungen, die sie seit eh und je bekämpft haben, an die Hand geben. Wenn also die p.p.-Suite wieder genauso üblich wie die Bestimmungsmensur werden sollte, hat man sich selbst den Todesstoß gegeben."

Dies ließ der Alte Herr Carl Heinrich nicht gelten. „Vorweg möchte ich etwas klarstellen. Deine Argumentation beruht auf dem etwas irrationalen Gedanken, die Corpshatz in etwa einem Duell gleichzustellen. Das ist grundsätzlich falsch.

Ich bin nach wie vor der Meinung, daß die Corpshatz das unbefangenste Mittel ist, um Streitigkeiten aus der Welt zu schaffen. Bei diesen denke ich auf keinen Fall an Beleidigungen, sondern an solche, die durch Commentwidrigkeiten und ähnliches entstanden sind. Überdies ist die Corpshatz dazu angetan, die Freude an der Mensur zu steigern und die Gemeinsamkeit unter den Corpsbrüdern um ein weiteres zu steigern und zu festigen."

Nun versuchte AH Carl Heinrich, meine Bedenken hinsichtlich des Austragens von p.p.-Suiten und ihres Bekanntwerdens zu zerstreuen. Er nannte mir – zu meinem Erstaunen – über ein halbes Dutzend Bünde, die sich in letzter Zeit auf diese Weise geschlagen hatten, wonach „kein Hahn und keine Henne" gekräht hätten.

Dann erwähnte AH Carl Heinrich eine kürzlich zurückliegende p.p.-Suite, bei der es einen Todesfall gegeben hatte. Er betonte: „Dieser hing nicht ursächlich mit der Partie zusammen. Ich erwähne ihn deswegen, weil Kriminalpolizei und Staatsanwaltschaft Kenntnis davon hatten, daß es sich um eine Corpshatz gehandelt hatte. Was ist geschehen? *Nichts!* Zwar hat die Presse wie gewohnt gegeifert, doch von Corpshatz ist keine Rede gewesen. Man soll in sie also nichts hineinlegen, was überhaupt nicht existent ist. Das würde sie in ihrem Wert herabmindern."

Worin dieser Wert bestand, war und blieb mir ebenso unklar wie ihr Sinn überhaupt und wie der Unterschied zwischen ihr und einem Duell. Daher fuhr ich fort: „Ich sehe in einer p.p.-Suite den Versuch, eine Angelegenheit mit dem Schläger zu bereinigen, wenn eine gütliche Einigung mittels des Geistes nicht mehr möglich ist. Krieg zwischen den Völkern, wenn die Politik versagt hat!"

Auf dieses Argument, das ich als mein stärkstes betrachtete, erhielt ich eine Antwort, die mir zeigte, wie unvereinbar unsere Auffassungen waren. AH Carl Heinrich meinte nämlich: „Es ist leichter, zwölf Partien zu fechten als unnütz Geistesschmalz zu vergeuden. Natürlich ist eine gütliche Einigung vorzuziehen, aber es können Situationen eintreten, bei denen man wissen muß, ob ein Corps bereit ist, pro patria anzutreten oder nicht."

Darauf erwiderte ich: „Das sehe ich zwar ebenso, doch kann ich jetzt nur meine persönliche Meinung äußern. Diese lautet, um jegliches Mißverständnis auszuschließen, so: Wenn es zu einer p.p.-Suite kommen sollte, trete ich als erster an – auch als ihr entschiedener Gegner."

Damit endete der Gedankenaustausch zwischen diesem Alten Herrn und mir. Ein weiterer wurde nicht erforderlich, weil es zu keiner p.p.-Suite kam.

Die Angelegenheit, um die es ging, hatte sich so entwickelt, daß sie sich erübrigte.

Obwohl die Frage daher nur noch theoretischer Natur war, beschäftigte sie mich außerordentlich. Ich hätte mich widersprüchlich und daher unlogisch verhalten, wenn ich für eine Sache eingetreten wäre, die ich vollständig ablehnte.

Es hätten zwei Möglichkeiten bestanden. Entweder schlug ich entgegen meiner Überzeugung oder ich blieb dieser – also mir selbst – treu und schlug nicht. Das hätte im ersten Fall geheißen, daß ich den Belangen des Corps den Vorrang eingeräumt hätte, im zweiten, daß ich meinen Grundsatz, weiterhin meiner eigenen inneren Einstellung zu folgen, über jene gestellt hätte. Keine der beiden denkbaren Lösungen – darin bestand die Aporie – war zufriedenstellend.

Die äußeren Folgen meiner Entscheidung wären sehr unterschiedlich gewesen. Hätte ich geschlagen, hätte ich das getan, was von mir als Senior erwartet worden wäre. Meine persönliche Meinung wäre dabei belanglos gewesen. Hätte ich hingegen nicht geschlagen, hätte ich mich übler Nachrede ausgesetzt und überdies meinen Kritikern eine Handhabe geliefert, gegen mich vorzugehen – auch und gerade solchen Leisetretern wie dem kleinen Beta-Dalk, der sich unter Verweis auf ein medizinisches Attest sicherlich vor dem Mitfechten gedrückt hätte.

Dem Alten Herren hatte ich eindeutig zu verstehen gegeben, daß ich gegebenenfalls als erster gefochten hätte, doch zu den Konsequenzen, die ich danach für mich persönlich gezogen hätte, hatte ich mich nicht geäußert. – Nach getaner Pflicht hätte ich nicht nur meine Charge, sondern auch das Band niedergelegt. Mir wäre es zutiefst zuwider gewesen, weiterhin einer Vereinigung anzugehören, in der ich umständehalber genötigt gewesen wäre, mich unter Außerachtlassung meiner Prinzipien zu verhalten.

Semesterausklang

Mit Faschingsende verlief wieder alles in gewohnter Weise. Meine Dame bei einem Tanztee auf dem Haus war meine vormalige Ballpartnerin. Sie war gekommen, obwohl sie in ihrer Wohnung ausgeglitten war und sich den Ellenbogen verletzt hatte. Auch wenn sie nicht tanzen konnte, fand ich die Veranstaltung trotzdem ganz nett.

Sie nun wollte ich auch einmal privat, zu einem Theaterbesuch, einladen, doch sie sagte wegen des ihr widerfahrenen Mißgeschicks ab. „Wie merkwürdig!“ dachte ich. „Da sagt sie einerseits zu, zu einem Tanzfest zu kommen, obwohl sie sich wegen ihrer augenblicklichen Behinderung nicht entsprechend betätigen kann, andererseits nimmt sie die Einladung zu einer kulturellen Veranstaltung nicht an, obwohl sie keine körperliche Belastung darstellt. – Nun, sei es, wie es sei.“

Zu einer weiteren Einladung sah ich mich nicht veranlaßt, obwohl mein Geburtstag wenige Tage später dazu eine gute Gelegenheit geboten hätte. Ich zog es vor, ihn allein zu begehen. Zuerst las ich bei Kerzenschein meine Geburtstagspost und packte die Päckchen aus. Dann verfrühstückte ich bei einem Glas Sekt genüßlich einige Delikatessen.

Nach einem schmackhaften Mittagessen ging ich ins Schwabinger „Studio für Filmkunst“. „Seelenwanderung“ war für mich der beste Film, den ich je gesehen hatte. Abends telefonierte ich mit meinen Eltern. Mit einem letzten Glas Sekt beschloß ich zufrieden den Tag so allein, wie ich ihn begonnen hatte.

Gegen Ende des Couleursemesters war nur noch eine Damenveranstaltung zu absolvieren. Mit Blick auf diese sagte Beta-Dalk, daß eine Bekannte aus seinem Heimatort nach München kommen werde, um ihre Ausbildung als Buchhändlerin zu machen. Da sie auch einmal an einer Damenveranstaltung teilnehmen wolle, solle ihr eine Einladung geschickt werden.

„Natürlich“, entgegnete ich und dachte: „Aber nicht mehr in diesem Semester! Eine, die von dem annonciert wird, kann warten.“ Dabei beließ ich es, bis nur wenige Tage später das Couleursemester endete.

Vor seiner letzten Veranstaltung, der Semesterabschlußkneipe, fand der Abschluß-ZC statt. Nachdem die amtierenden drei Chargierten entlastet worden waren und ihre Charge klammern durften, wurden die für das kommende Semester gewählt.

Ab- und Wiederwahl

Senior wurde Drops, Consenior wurde ein junger Corpsbursch. Er war der jüngere Bruder meines Leibburschen. Ihn, Klaus, nannte ich, der ich Drittchargierter wurde, wegen des guten Kontaktes bald Coni. Beta-Dalk blieb Fuchsmajor.

Das hämische Gelächter, das meine Wahl zum Subsenior begleitete, ließ unmißverständlich erkennen, daß es der Sippschaft und ihren Parteigängern hauptsächlich darum gegangen war, mich zurückzusetzen. Mir wurde vorgehalten, mich in der zweiten Hälfte des Semesters nicht in entsprechender Form um die Belange des Corps gekümmert zu haben.

Ich fühlte mich versucht zu fragen, aus welchem Grunde mich der Convent dennoch entlastet und mir außerdem zu klammern gestattet hatte. Ich tat es jedoch nicht, weil ich auf die ganze Krittelei nicht äußerlich sichtbar reagieren wollte.

Zwar war ich in dem monierten Zeitraum tatsächlich weniger als vorher auf dem Haus anzutreffen gewesen, doch ich wollte den Grund hierfür nicht angeben, nämlich die Erarbeitung der Hauptseminararbeit in meinem wichtigsten Studienfach. Weder nannte ich diese als konkreten Anlaß noch meinen konsequent verfolgten Grundsatz, daß für mich das Studium gegenüber dem Aktivsein immer vorrangig war. Auch sonst vermied ich alles, was mir als Ausrede ausgelegt werden konnte.

Ein „Semester ex" war für mich ausgeschlossen. Dieses Wort hatte Drops hervorgestoßen, nachdem ihm bewußt geworden war, ein ganzes Semester verloren zu haben. Dazu war es gekommen, weil er zu ausgiebig, bis in die frühen Morgenstunden eines Sonnabends, gefeiert hatte. An diesem Tag fand vormittags ein Kurs statt, bei dem die Teilnehmer ein einziges Mal unentschuldigt fehlen durften. Geschah dies ein weiteres Mal, galt der Kurs als nicht bestanden. Seine erfolgreiche Absolvierung war jedoch eine zwingende Voraussetzung dafür, daß das Studium kontinuierlich fortgesetzt werden konnte.

Als Drops geweckt wurde, dämmerte ihm nach einem Blick auf die Uhr trotz aller Verkaterung, was es bedeutete, daß sie die halbe Stunde vor Kursbeginn anzeigte. Da ächzte er nur noch „Semester ex", drehte sich um und schlief weiter, übrigens nach wie vor vollständig bekleidet. In der Lage, in der er sich befand, saß die Fliege, die er zu seinem Smoking trug, bemerkenswert korrekt. – Nun, jedenfalls warf Drops niemand vor, sich nicht genügend am Aktivenleben beteiligt zu haben. Im Gegenteil, sein ständiges Mitmachen wurde so wohlwollend aufgenommen, daß über gewisse Mißgeschicke hinweggesehen wurde. Ich hingegen konnte nicht mit Nachsicht rechnen.

Die Motive für das Vorgehen gegen mich waren klar zu erkennen. Sie waren in meiner Korrektheit begründet. Ich betrank mich nicht, ich knutschte keine Couleurdame ab, ich blödelte nicht herum, ich spielte nicht auf Geld. Ich fiel auch sonst nicht aus dem Rahmen, es sei denn positiv.

So hatte der Mensurconvent befunden, daß ich von allen Corpsbrüdern die beste Partie des Semesters geschlagen hatte, und hatte mir einen Ehrenring verliehen, den AH Carl Heinrich gestiftet hatte. Später wurde mir – als erstem – einer der Prunkspeere verliehen, die mehrere Alte Herren gespendet hatten. Mit ihnen zeichneten sie den besten Fechter eines jeden Semesters aus.

Alles in allem ergab sich ein deutliches Bild. Ich war selbstkritisch genug, es zutreffend zu sehen. Durch mein eigenes Verhalten war ich zu einem Fremdkörper in der Aktivitas geworden. Offenbar spürte so mancher – oft wohl eher instinktiv als bewußt – meine innere Distanz zu ihrer Art zu leben. Da meine Reserviertheit und Korrektheit meinem introvertierten Wesen entsprangen, kam ich nicht auf den Gedanken, daß sie anderen als Arroganz oder gar als Selbstverherrlichung erscheinen könnten.

Wie mochte es auf sie – sogleich oder erst wieder nüchtern – gewirkt haben, wenn sie beispielsweise bierselig durch die Räume torkelten, während ich nach wie vor schwankungsfrei auftrat? – Vermutlich haben sie meine mangelnde Fraternität als unangenehm empfunden und sich in ihrer sorglos-oberflächlichen Stimmung beeinträchtigt gefühlt.

Es erschien mir nun angebracht, nicht nur „Einsatz" für das Corps zu zeigen, sondern mich auch auf die anderen einzustellen – ein wenig, nicht gänzlich. Diese Einschränkung machte ich immer dann, wenn mich etwas besonders aufbrachte, wie ein neu aufgekommener „Sport“, nämlich Pokern und andere Glücksspiele auf Geld. Ich lehnte es schroff ab, mich zu beteiligen. Mein Vater finanzierte mir vollständig das Studium, und von diesem Geld sollte ich etwas aufs Spiel setzen?!

Während ich mir dies alles auf meiner Bude durch den Kopf gehen ließ, wurde auf dem Haus kräftig gefeiert. Man ließ Drops als den neuen Senior ein ums andere Mal hochleben, und dieser gab allen mit stets vollen Gemäßen ununterbrochen Bescheid.

Er hätte es nicht tun sollen, zumindest dann nicht, wenn er bedacht hätte, daß er am übernächsten Morgen eine Partie zu schlagen hatte. So kam es, wie es kommen mußte. Drops focht so schlecht, daß ihn der Mensurconvent auf Technik abführte. Er hätte sich ein Beispiel an meinem Leibfuchs Quedlin nehmen können, der seine erste Partie so ordentlich schlug, daß er sie auspaukte, ohne etwas abzubekommen.

Durch die Abfuhr, die sich Drops eingehandelt hatte, war eine Neuwahl notwendig geworden, weil ein Chargierter nach einer nicht ziehenden Partie seine Charge nicht weiter versehen kann. Diese Wahl mußte schnell, noch vor der hochoffiziellen Semesterabschlußkneipe, stattfinden, weil deren Leitung die erste Amtshandlung des neuen Seniors war. Dieser war – horribile dictu – ich. Man hatte mich wählen müssen, weil kein anderer in Frage gekommen war. Dies alles hatte sich so schnell abgespielt, daß viele Teilnehmer an der gut besuchten Abschlußkneipe nichts von dem Zwei-Tage-Seniorat Drops’ wußten, sondern irrigerweise meinten, ich sei gleich wiedergewählt worden.

Entspannung in den Bergen

Auch nach dem Ende des Wintersemesters fuhr ich nicht gleich nach Hause. Nachdem ich das Semesterrahmenprogramm für das Sommersemester erstellt hatte, ging es zum Skilaufen in die Alpen. Auch dieser Urlaub war sehr schön. Auf die sportliche Betätigung wurden alle gleich eingestimmt. Den letzten Teil der Strecke – einige hundert Höhenmeter - zu der auf

1800 Metern Höhe gelegenen Hütte bewältigten die Teilnehmer mit ihrem Gepäck und mit geschulterten Skiern auf Fellen.

Völlig schweißgebadet kam ich zur Hütte, doch ihre ausgezeichnete Lage und der grenzenlose Blick über zahllose schneebedeckte Gipfel ließen mir den Anstieg als lohnend erscheinen. Besonders gefiel mir, daß mehrere hundert Meter tiefer eine geschlossene Wolkendecke über dem Tal lag, während über der Hütte und ihrer Umgebung die Sonne vom wolkenlosen Himmel strahlte.

Individualist, der ich war, hatte ich nicht in einem der Gemeinschaftsräume schlafen wollen, sondern mir gegen einen Aufpreis ein Zimmer genommen, das ich mit einem Bergkameraden teilte. Das ausgezeichnete Essen half mir darüber hinweg, daß ich zu wenig Geld mitgenommen hatte. Nach den ersten Bieren begnügte ich mich tagelang damit, Wasser zu trinken, weil ich mir die letzten Schillinge für Bier für einen Wochenendtrunk aufhob.

Dies beeinträchtigte meine Stimmung wegen einer gewissen Vorfreude in keiner Weise. Nach meiner Rückkehr würde ich die beiden Corpsbrüder, die mir bei der Vervollständigung meiner Skiausrüstung behilflich gewesen waren, zum Starkbier auf den Nockherberg einladen. Doch bis dahin lag noch eine schöne Zeit vor mir, bei der das ganztägige Skifahren immer im Mittelpunkt stand.

Erneut Senior

Das nächste Couleursemester begann mit den üblichen Veranstaltungen, die manchmal anders als geplant verliefen. Zu einer fest vereinbarten Vortragsveranstaltung erschien der Redner nicht, und auch später erfuhr niemand den Grund seines Fernbleibens.

Nachdem eine angemessene Zeit vergeblich gewartet worden war, tranken die Anwesenden zunächst ein Bier. Meines Vorsatzes eingedenk, sich auf die anderen etwas einzustellen, verlockte ich sie zu einem Würfelspiel. Derjenige, der den letzten Würfel behielt, mußte eine Runde zahlen. So weit, so gut, konnte man dazu sagen, nicht aber zu dem begleitenden Trinken. Cognac, Whisky, Rum, Cinzano weiß und rot wurden wechselweise konsumiert. Die Auswirkungen waren entsprechend. Ich war wohl der einzige, der wegen einer „persönlichen Fürsorgemaßnahme" nüchtern blieb. Alles das, was ich nicht trinken wollte, kippte ich in einen hinter mir stehenden Blumentopf. Die anderen merkten nichts, und die Blumen zeigten keine Wirkung.

Zur ersten Damenveranstaltung im neuen Semester kam auch diejenige, die Beta-Dalk Ende des letzten Semesters annonciert hatte. Das schwarzhaarige Mädchen, Illy, gefiel mir so gut, daß ich dafür sorgte, sie bei allen Veranstaltungen als meine offizielle Dame zu haben.

Der Fuchsmajor wird gestemmt

Als ich am nächsten Mittag einen Fuchsen beauftragte, die Blumen zu gießen, fragte dieser zögernd: „Muß das gleich sein?"

„Natürlich. Oder möchtest du nichts Flüssiges, wenn es dich danach verlangt?"

„Ich gehe ja schon."

Der mürrische Ton des Fuchsen ließ mich stutzen. Wenn ihn Mannschaften bei der Truppe hören ließen, paßte ihnen etwas nicht, und sie begannen, leise zu mosern. Ich wurde aufmerksam und stellte bald fest, daß der Fuchsmajor die Füchse gegen mich aufhetzte.

Das war der Casus belli! Beta-Dalk mochte soviel räsonieren, wie er wollte, ich ließ ihn gewähren, weil es belanglos war. Doch jetzt war er zu weit gegangen. Ich duldete es nicht, daß irgend jemand den inneren Corpsfrieden störte. Daher stand für mich fest, Beta-Dalk so bald wie möglich zu schassen. Die Gelegenheit kam schneller als erwartet, bei einer Tanzveranstaltung.

Zunächst verlief alles in den gewohnten commentgemäßen Bahnen. Beta-Dalk hatte seine Dame abgeholt, betanzt und wieder nach Hause begleitet. Doch dann war er, bereits nach Mitternacht, aufs Haus zurückgekehrt und hatte einem anderen Inaktiven die Dame abspenstig gemacht.

Dies erfuhr ich von dem Betroffenen bereits in den frühen Morgenstunden, als ich, zu den letzten gehörend, um fünf Uhr morgens das Haus verließ. Sogleich berieten Karl Reuba und ich, wie gegen Beta-Dalk vorzugehen war.

Dessen Verhalten – von Benehmen konnte man nicht sprechen – war so grob commentwidrig, daß es Sanktionen nach sich ziehen mußte. Darüber konnte sich Beta-Dalk nicht im unklaren gewesen sein. Daher fragte sich mancher, wie er einen so unsäglich dummen Fehler machen konnte – ausgerechnet er, der Fuchsmajor! Dessen Motive waren mir gleichgültig; mir genügte, daß sich Beta-Dalk selbst „zum Abschuß freigegeben" hatte.

Sein Fall war der wichtigste Punkt, der auf dem nächsten ordentlichen Corpsconvent abgehandelt wurde. Dieser war ungewöhnlich gut besucht. Nicht nur zahlreiche ältere Inaktive, die nur noch selten auf dem Haus gesehen wurden, waren erschienen, sondern auch etliche, meist jüngere Alte Herren und – natürlich – der Altherrenvorsitzende.

Es dauerte nicht lange, bis ich zur Sache kam. Da der Vorgang allen Anwesenden bekannt war, genügten einige wenige Bemerkungen, bevor ich sagte: „Ich stelle den Antrag, iaCB Beta-Dalk seines Amtes als Fuchsmajor zu entheben. Wünscht jem–"

„Was", platzte der völlig verblüffte Beta-Dalk dazwischen, „ich werde nicht bestraft?"

„Wünscht jemand das Wort?" vollendete ich meine Frage und blickte um mich. „Das ist nicht der Fall. – Wir kommen zur Abstimmung. Wer ist für den Antrag?" – Die Arme schossen in die Höhe.

„Wer ist gegen den Antrag?" – Niemand meldete sich.

„Stimmenthaltungen?" – Allein Beta-Dalk hob den Arm.

„Ich stelle als Ergebnis fest: Der Convent enthebt iaCB Beta-Dalk ohne Gegenstimme bei einer Enthaltung seines Amtes."

Während der Bekanntgabe des Beschlusses hatte ich Beta-Dalk angesehen. Jetzt fixierte ich den Punkt, an dem sich auf dessen Brust Burschen- und Fuchsenband kreuzten. Nichts geschah.

Nach einigen Augenblicken völligen Schweigens sagte ich ruhig: „Das Fuchsenband kann auch im Sitzen abgenommen werden."

Da schoß Beta-Dalk das Blut zu Kopf, und hochrot nestelte er sich das Band ab, an dem er bisher als Fuchsmajor zu erkennen gewesen war. Es wirkte so, als ob er sich selbst degradierte.

Als ich wieder in die Corona blickte, meldete sich iaCB Reuba und bat ums Wort. Nachdem ich es ihm erteilt hatte, erhob er sich und sagte: „Ich beantrage, iaCB Beta-Dalk mit fünf Wochen Schwarzwald zu bestrafen.“

„Jawohl, dem stimme ich zu.“ – „Nein, das ist zuviel!“ – „Von wegen! Gerade richtig.“ – „Keineswegs!“ schwirrten die Stimmen durcheinander.

„Silentium!“ gebot ich. „Es werden alle zu Wort kommen. Der Subsenior wird die Namen notieren und euch nacheinander aufrufen.“

Nun begann eine lebhafte Diskussion, in der um die Höhe des Strafmaßes gestritten wurde.

Da meldete sich iaCB Zecher. „Ich bitte darum, mir außerhalb der Reihe das Wort zu erteilen, weil ich einen Antrag stellen möchte.“

Als ich zustimmend nickte, fuhr Zecher fort: „Ich beantrage, iaCB Beta-Dalk mit einer Woche Schwarzwald zu bestrafen. – Ich weiß, wovon ich rede.“

Lautes Gelächter quittierte seine Worte. In der Tat, Zecher wußte genau, wovon er sprach. Niemand war so oft und so lange im Schwarzwald gewesen wie er. Er hatte seinen Antrag allerdings nicht vorgebracht, um die Corona zu erheitern, sondern weil ihn dürstete. Er mußte nun schon über vier Stunden darben, weil auf Conventen nicht getrunken wurde.

Es dauerte nicht mehr lange, bis abgestimmt wurde. Der Antrag auf drei Wochen Schwarzwald erhielt die meisten Stimmen.

„Wir kommen nun zur Wahl eines neuen Fuchsmajors.“ Ich blickte in die Runde. „Hat jemand einen Vorschlag?“

Ein jüngerer Alter Herr meldete sich. „Ich schlage iaCB Reuba vor.“

„Der Antrag steht. Gibt es weitere Vorschläge? – Nein. – Will sich jemand zu Wort melden? – Ebenfalls nicht. – Wer stimmt für den Antrag?“

Der Convent endete damit, daß iaCB Reuba mit überwältigender Mehrheit zum neuen Fuchsmajor bestimmt wurde.

Anschließend saßen Reuba und ich noch auf ein Wort zusammen. Nachdem ich ihm gratuliert hatte, meinte ich: „Es ist alles gut gelaufen, nur mit der Höhe des Strafmaßes, die du beantragt hast, bist du nicht durchgekommen.“

„Doch, doch, das bin ich“, sagte Reuba lächelnd. „Ich wollte, daß er für drei Wochen in den Schwarzwald geschickt wird. Deswegen habe ich ja fünf Wochen beantragt."

„Wie bitte?"

„Das war Taktik. Hätte ich gleich drei Wochen beantragt, wäre vielleicht alles so zerredet worden, daß am Ende nur zwei Wochen oder noch weniger herausgesprungen wären. Es ist sogar denkbar, daß er straffrei davongekommen wäre – mit der Begründung, die Amtsenthebung sei Strafe genug. – Doch sage einmal, warum hast du nur sie allein, also ohne Strafmaß, beantragt?"

„Das war meine Taktik. Mir ging es vor allem darum, diesen Quertreiber kaltzustellen. An seiner Bestrafung lag mir nichts."

„Das leuchtet mir ein. Doch warum hast du keinen Nachfolger vorgeschlagen?"

„Ebenfalls Taktik. Es hätte sich die Möglichkeit geboten, mir dadurch eins auszuwischen, daß man ‚meinen' Kandidaten nicht wählte."

Nach Beendigung dieser Auseinandersetzung trat ich, wie ich mit Blick auf meine Teilnahme an Festlichkeiten in hochoffiziellem Rahmen ironisch formulierte, als ‚maximaler Corpsstudent' auf. Gemeinsam mit meinen beiden Conchargierten repräsentierte ich das Corps aus mehreren Anlässen: bei einem SC-Festkommers, bei dem in Vollwichs chargiert wurde, beim SC-Ball, beim Feierlichen Corpsconvent und beim Festkommers eines Kartellcorps sowie – etwas weniger offiziell – bei einem vorzüglichen Herrenfrühstück bei einem befreundeten Corps.

Als Senior hatte ich natürlich auch bei allen sonstigen Veranstaltungen anwesend zu sein. Sie reichten außer den offiziellen nach dem Semesterrahmenprogramm zusätzlich zu einem ganztägigen Ausflug nicht ins, sondern zum Kloster Andechs mit seinem zu Recht gerühmten Bier über Frühschoppen bis hin zu einem netten Weindämmerschoppen mit Damen auf dem Haus.

Zwar verlief alles Gesellschaftliche letztlich immer reibungslos, doch daneben kam es zu ernsten Vorgängen, die sich intern abspielten und auf dem Convent abgehandelt werden mußten. Der schwerwiegendste von ihnen war ehrenrührig.

Eine Ehrenangelegenheit

Auf dem Convent hatte ein Aktiver sein Wort gebrochen. Auch wenn ich mit diesem immer gut ausgekommen war – dessen Verhalten konnte nur auf eine Weise geahndet werden, nämlich durch Dimission in perpetuum. Als ich jedoch Näheres über den Vorgang erfuhr, begann ich mich zu fragen, ob sich nicht ein Weg finden ließe, diese zu vermeiden. Ich richtete ein vertrauliches Schreiben an den Altherrenvorsitzenden, das ich außerdem gleichlautend etlichen Alten Herren schickte.

Nachdem ich den Sachverhalt dargelegt hatte, schilderte ich den Verlauf des Convents, auf dem diese Angelegenheit als wichtigster Punkt zur Sprache gekommen war. Im Grunde genommen war die Sache klar, weil der Betreffende von sich aus alles zugab. Ich beantragte dessen Suspension bis zum nächsten Convent. Zu diesem waren laut Satzung alle ortsanwesenden Alten Herren und Inaktiven einzuladen. – Doch was geschah dann!

Zu diesem Convent war unerwartet über ein halbes Dutzend inaktiver Corpsburschen erschienen. Nachdem ich meinen Antrag gestellt hatte, erhob sich ein uralter Inaktiver. Er vertrat die Meinung, nicht der Wortbrüchige, sondern der Convent habe festzustellen, ob ein Ehrenwortbruch vorliege. Diese Ansicht fand allgemeinen Anklang. Des weiteren führte dieser Inaktive aus, daß zwar objektiv, aber nicht subjektiv ein Ehrenwortbruch begangen worden sei. Dann wurde beantragt, der Convent möge feststellen, daß in diesem Fall kein Ehrenwortbruch vorliegt.

Dann geschah das für mich Unglaubliche: Fast alle stimmberechtigten Corpsburschen waren der Ansicht, daß dies so sei. Nur zwei – ich selbst und ein einziger weiterer aktiver Corpsbursche – vertraten die gegenteilige Auffassung.

Die Konsequenzen für mich stellte ich nun unmißverständlich klar. Nachdem ich zunächst betont hatte, daß es mir nicht um die Person des Wortbrüchigen, sondern einzig und allein um die Haltung des Conventes ging, fuhr ich fort: „Aufgrund meiner persönlichen Erziehung und Anschauungen und der darauf beruhenden Einstellung als Corpsstudent ist es mir unmöglich, weiterhin einen ehrlos gewordenen Convent nach innen und außen zu vertreten. Dadurch, daß der Convent auf die geschilderte Weise eine sachliche Erörterung des Falles abbog, sich eindeutig ins Unrecht setzte und ehrlos wurde, ist es für mich – um es zu wiederholen – unmöglich, das Corps weiterhin als Senior zu vertreten. Ich werde auf dem nächsten ZC meine Charge niederlegen."

Dieser Zahlconvent fand unmittelbar vor dem Stiftungsfest statt. Welch peinliches Aufsehen mußte es erregen, wenn die Gründe allgemein bekannt wurden, aus denen ich meine Charge niedergelegt hatte!

Da Eile geboten war, antwortete mir der Altherrenvorsitzende nicht schriftlich, sondern führte ein langes Gespräch mit mir. Es gelang ihm, mich zu bewegen, meine Charge erst nach Beendigung des Stiftungsfestes niederzulegen.

Von den anderen Alten Herren, denen ich einen Durchschlag meines Schreibens an den Altherrenvorsitzenden geschickt hatte, antworteten einige nicht. Die anderen reagierten unterschiedlich.

Bei AH Carl Heinrich, der seiner Empörung freien Lauf ließ, brach wieder einmal das Temperament durch. Er betrachtete zunächst alles aus der Sicht seiner eigenen Aktivenzeit. „Eine derart eklatante Beleidigung wäre früher mit einer Dimission in perpetuum geahndet worden, um dem Beleidigten die Möglichkeit zu geben, sich den Beleidiger vor's krumme Messer zu holen, um ihn dann anschließend cum infamia zu excludieren."

Mit diesem Verfahren war eine Contrahage gemeint, ein Säbelduell zur Beilegung eines Ehrenhandels. Daß dieses heutzutage nicht mehr möglich war, war auch AH Carl Heinrich klar. Er hatte sich nur deswegen so emotional geäußert, weil er zu aufgebracht gewesen war, um in diesem Augenblick zu bedenken, wieviel sich in den vierzig Jahren verändert hatte, die seit seiner eigenen Aktivenzeit in den 1920er Jahren vergangen waren.

Dann wandte sich AH Carl Heinrich dem Verhalten des Convents zu. Er bezeichnete das von diesem praktizierte Verfahren als mehr als fragwürdig. „Allein das auf's höchste corpsschädigende Verhalten wäre bereits mit einer i.p.-Dimission zu ahnden gewesen. Deswegen ist es mir unverständlich, daß der Convent den Tatbestand des Ehrenwortbruchs verneint hat. Dieser Beschluß bedarf ganz eindeutig einer Revision."

Nachdem AH Carl Heinrich die Übereinstimmung in der Sache festgestellt hatte, machte er mich auf einen Fehler aufmerksam, den ich gemacht hatte. „Du hast einen Kreis von Alten Herren angeschrieben. Warum eigentlich?!"

Die Brieflektüre unterbrechend, fragte ich mich dies jetzt ebenfalls. Mir wurde bewußt, daß ich von einer unzutreffenden Voraussetzung ausgegangen war. Ich war überzeugt gewesen, daß „das Corps" ein in sich geschlossenes Ganzes bildete. Deswegen hatte ich mein Schreiben an mehrere derjenigen Alten Herren gerichtet, die sich immer in besonderem Maße um die Belange der Aktivitas kümmerten. Doch selbst zwischen jenen und dieser gab es mehr Distanz als Gemeinsamkeit.

Diesen Irrtum erkannte ich nun. „Die" Verbindung – jede, also auch diejenige, der ich selbst angehörte – gibt es gar nicht, weil sie keine innere Einheit bildet. Sie besteht aus zwei Teilen, die denkbar wenig miteinander verbunden sind. Die Aktivitas ist auf die finanzielle Unterstützung durch den Altherrenverband angewiesen, weil sie nur durch sie den laufenden Verbindungsbetrieb aufrechterhalten kann. Der hingegen braucht die Aktiven, weil diese ihm nach ihrer Philistrierung als junge neue Mitglieder das Weiterbestehen gewährleisten.

Dieses gedankliche Abschweifen führte mich zu einer grundlegenden Erkenntnis, aus der sich für mich zukünftige Folgen ergaben. Jetzt aber wandte ich mich wieder dem Brief AH Carl Heinrichs zu. Dieser meinte des weiteren: „Rundbriefverfahren in Ehrenangelegenheiten dürften doch wohl mehr als ungewöhnlich sein. Zur Durchsetzung eines Standpunktes in derartigen Dingen schafft man sich nicht vor der endgültigen Abhandlung auf dem FCC Hilfstruppen."

„Er hat recht", dachte ich und las dann den Schluß des Briefes. „Über das, was Du mir mitgeteilt hast, bin ich sehr, sehr traurig. Es sind Symptome, die es einem Alten Herrn und überzeugten Corpsstudenten schwermachen, seine Überzeugung aufrechtzuerhalten, daß das eigene Corps immer das beste ist."

Die Antwort, die ich von einem anderen Alten Herrn erhielt, beinhaltete in der Sache das Gegenteil der Auffassung, die AH Carl Heinrich und ich selbst vertraten. AH Fiese schrieb: „Die Angelegenheit ist durch Strafbeschluß des zuständigen CC erledigt und kann satzungsgemäß nicht mehr aufgerollt werden." Ich, der Senior, scheine der Ansicht zu sein, daß sie „zur Wahrung der Ehre des Corps“ aufgerollt werden müsse, und „sei es durch satzungsbrechendes Vorgehen“ des Feierlichen Corpsconventes.

„So etwas gibt ein Jurist von sich!“ dachte ich. „Hat der wirklich nicht den Widerspruch bemerkt, der darin besteht, daß der Corpsconvent einerseits festgestellt hat, daß kein Wortbruch – also nichts zu Ahndendes – vorliegt, den Betreffenden aber andererseits dennoch bestraft hat?“

Noch unverständlicher wirkte die Behauptung AH Fieses, ich hätte den Tatbestand des Ehrenwortbruchs *angenommen*, obwohl der Betreffende selbst ihn zugegeben hatte. – Die weiteren Ausführungen zu dessen Person waren so beschaffen, daß ich sie nur achselzuckend überflog und mich erst mit denen beschäftigte, die mich selbst betrafen.

Die Redewendung vom „ehrlosen Convent“ wies AH Fiese mit den Worten zurück, daß sie selbst bei offensichtlichem Irren des Conventes – wovon keine Rede sein könne – nicht der Sachlage entspreche. „Zur Last legen kann ich sie Dir nicht, denn nach Deinem Schreiben bist Du nervenmäßig mindestens ebenso durchgedreht wie der andere.“

Mit seiner Annahme, ich werde meinen Ausspruch „geräuschlos zurücknehmen“, irrte er sich. Vielmehr fragte ich mich, bei wem alles durcheinanderging. „Bei mir oder bei dem, der mich, der ich einen klaren Ehrenstandpunkt vertrete, mit einem Wortbrüchigen auf eine Stufe stellen will? – Nun, wie geht es weiter?“

Sieh da! Jetzt tadelte AH Fiese – gegenüber mir als einem Aktiven! – sogar den Altherrenvorsitzenden, dessen „zögerliche Haltung“ er nicht teilte. Während dieser mich dazu bewogen hatte, meine Charge nicht sofort zur Verfügung zu stellen, sah es AH Fiese ganz anders.

„Meines Erachtens kannst Du nicht früh genug zurücktreten, denn Du brauchst nichts mehr als Ruhe, Sammlung und Abstand, das Vertrauen des Convents hast Du ohnehin nicht mehr.“

Die Unwahrhaftigkeit dieser Behauptung – typisch für jemanden, der Unerwiesenes, weil es ihm paßt, von sich gibt, anstatt sich auf nachweislich Richtiges zu stützen – stellte sich bald heraus.

Als der Vorgang nach dem Stiftungsfest noch einmal auf dem Convent erörtert wurde, äußerte sich keiner der anwesenden Alten Herren. Mir war dies recht, weil ich nicht wollte, daß es so aussah, als ob ich die Altherrenschaft gegen die Aktivitas mobilisiert hätte.

Dann stellte ich meine Charge zur Verfügung – vergeblich, weil der Convent mit absoluter Mehrheit entschied, ich hätte sie weiterzuführen.

„Welch ein Unterschied zwischen diesen beiden Alten Herren sowohl in der Form als auch in der Sache!“ dachte ich abschließend. „Von AH Carl Heinrichs Äußerungen habe ich auch diejenigen akzeptiert, mit denen er mich kritisiert hat. Doch AH Fiese? Summa summarum: nomen est omen.“

Stiftungsfest

Vorher hatte ich mich um mehr oder minder alles zu kümmern gehabt, was mit dem Stiftungsfest zusammenhing. Dazu gehörte es beispielsweise, einen Redner für den Festcommers zu gewinnen. Da mir mehrere Corpsbrüder einen bestimmten Inaktiven als sehr guten Redner genannt hatten, wandte ich mich an diesen.

„Bist du sicher, mich als den richtigen von drei Brüdern gefragt zu haben? Ich bin kein sehr guter Redner. Unter einem solchen verstehe ich jemanden, der manuskriptfrei, mit schauspielerischem Talent versehen, seine Zuhörer an seine Lippen bannt.“

Hier hakte ich ein: „Wäre ich mir zunächst darüber im unklaren gewesen, ob ich dich als den richtigen von euch dreien gefragt habe, so wäre es für mich jetzt um so deutlicher, daß du genau der richtige bist. Es macht nichts und dürfte dir sicherlich lieb sein, wenn dir kein Zuhörer an den Lippen hängt. Du würdest deine Rede ja auf dem Festkommers halten, bei dem nur Männer anwesend sind. Die Damen sind abwesend, weil für sie ein Theaterbesuch geplant ist.“

„Nun, Senior, dann also ernsthaft: Ich bin nicht konservativ genug. Ich könnte ketzerische Gedanken äußern. Ich bin begeisterter Corpsstudent; aber nur unter der Voraussetzung, daß sich mit der Zeit auch etwas ändert. Viel ändert! Ich würde das sagen, was ich als Senior zu sagen vergaß. – Wenn du dabei bleibst, daß ich rede, werde ich mich nicht drücken, auch wenn ich sehr viel zu arbeiten haben werde.“

Nachdem ich meine Bitte wiederholt hatte, antwortete ich ihm ebenso ernsthaft: „Endlich kommt jemand, der den guten Willen hat, etwas anderes zu bringen als das ewige ‚Die Zeit ist ernst, aber nicht hoffnungslos', ‚Es liegt bei Euch Jungen', ‚Wir danken Euch, liebe Alte Herren' und so weiter – bla, bla, bla!

Gestern war ich auf einem Bundesfestkommers. Ein Angehöriger dieses Bundes, neben dem ich saß, teilte die Redner in drei Kategorien ein: in die Strohdrescher, in die Markigen und in diejenigen, die wirklich einmal etwas zu sagen haben. Sei bitte einer von der letzteren. Auch wenn deine Festrede keine triefende Selbstzufriedenheit hervorruft, brauchst du keine Befürchtungen zu hegen." – Damit war die Festrednerfrage geklärt.

Das Stiftungsfest verlief allgemein zufriedenstellend. Dem Feierlichen Corpsconvent erstatteten zunächst ich als Senior und dann der Consenior die Semesterberichte, und abends präsidierten wir und der Subsenior dem Festkommers. Dem schwungvollen Festball, der seinen Ausklang in den frühen Morgenstunden auf dem Haus fand, folgte ein Ruhetag.

Der Exbummel tags darauf begann mit einer Floßfahrt. Strahlender Sonnenschein, flotte Musik und Faßbier sorgten für eine ausgelassene Stimmung. Nur einer hatte schließlich etwas zu nörgeln. Während so mancher zwischendurch ins Wasser sprang, um vorwegzuschwimmen oder um auf eine Brücke zu klettern und sich von ihr in die Fluten zu stürzen, befeuchtete sich iaCB Zecher ungestört von innen. Er war daher sehr ungehalten, als ihn einige übermütige Corpsbrüder kurz vor Ende der Fahrt packten und ins Wasser beförderten. Nachdem er heftig geschimpft hatte, tröstete er sich mit dem Gedanken, daß er während des abendlichen Tanzes den Tag auf eine ihn innerlich erwärmende Weise ausklingen lassen konnte.

Gegen Ende des Semesters schlug ich meine vierte Partie. Ich bekam nicht den geringsten Kratzer ab, dafür mein Gegenpaukant um so mehr. Er wurde nach dem dreizehnten Gang auf Moral und Schmiß abgeführt.

Etwas später schlug ich eine sogenannte Lustpartie, wie die über die Pflichtpartien hinausgehenden freiwilligen Partien etwas ironisch genannt wurden. Auch diese verlief sehr gut und endete mit Abfuhr auf Gegenseite. Eine sechste Partie ließ sich, wie ich bedauernd feststellte, aus zeitlichen Gründen nicht mehr bekommen.

Ausklang des Aktivenlebens

Außerdem kümmerte ich mich um meinen Leibfuchsen Peter Quedlin, dem etwas Dummes widerfahren war. Dieser hatte drei Wochen an einer Hausarbeit gesessen und wollte sie zum letzten Termin abgeben. Er stellte sich also vor die Tür und wartete auf den Assistenten, um sie ihm persönlich zu übergeben. Als die Abgabezeit verstrichen und niemand gekommen war, stellte er fest, daß er zwar vor der richtigen Tür gestanden hatte, jedoch einen Stock zu tief. Da er seine Arbeit nicht termingerecht abgegeben hatte, bekam er den Schein nicht.

Ihm konnte ich nicht helfen, wohl aber versuchen, einem inaktiven Corpsbruder gegebenenfalls behilflich sein. Dieser sprach mich eines Tages an, ob ich ihm nicht beim Kleinen Latinum zur Hand gehen wolle.

„Ich habe keine Ahnung und bitte dich deshalb, die Klausur für mich zu schreiben."

„Das werde ich nicht tun, weil dieser Schwindel bereits deswegen auffliegen kann, weil wir verschiedene Handschriften haben. Ich werde mich aber in deiner Klosterschule in Reserve halten, und zwar auf dem ‚Nonnenlokus'. Solltest du nicht weiterwissen, könnte dir so schlecht werden, daß du den Prüfungsraum verlassen müßtest, um das Örtchen aufzusuchen."

Auf selbigem harrte ich eine dreiviertel Stunde aus, ohne in Aktion treten zu müssen. Mein Corpsbruder bewältigte den Text aus eigenem Können. Dennoch war er mir sehr dankbar. Ich faßte das Ganze als einen prima Scherz auf, den ich mir in dieser privaten Schule geleistet hatte. In einer staatlichen Anstalt oder gar in der Universität hätte ich das nie gemacht.

Warum nicht? Ich war so sehr in Laune, daß ich darüber keinen Gedanken verlor. Vielleicht lag es daran, daß dies der vermutlich letzte Ulk war, den ich, sozusagen als Schlußpunkt, unter die Zeit der unbekümmerten Anfangssemester gesetzt hatte.

Dann kam der letzte ZC, und ich beantragte meine Inaktivierung. Sie wurde einstimmig genehmigt. Das einzige an diesem Abend, an das ich mich auch später noch erinnerte, war der Ausruf des Altherrenvorsitzenden. „Den seht ihr nie wieder!"

Die darauffolgenden letzten Tage genoß ich bei gutem Wohlbefinden, wie ich mich etwas gravitätisch ausdrückte. Ich verbrachte sie damit, allein durch die Stadt zu streifen, mit der mich so manche schöne Erinnerung verband, oder mit mir nahestehenden Corpsbrüdern Abschied zu feiern – und natürlich auch mit Illy.

Unsere Beziehung konnte ich als eine Art „Couleur-Freundschaft" bezeichnen. Nicht nur an allen offiziellen Veranstaltungen nahmen wir zusammen teil, sondern auch an solchen, bei denen eine mehr oder minder große Gruppe von Corpsbrüdern etwas unternahm.

Nur zu zweit waren wir nie unterwegs gewesen. Bald nach Beginn unserer Bekanntschaft hatte ich ihr vorgeschlagen, ein ganzes Wochenende gemeinsam zu verbringen. Sie hatte zögerlich geantwortet, daß sie an diesem nach Hause fahren wollte. Dennoch blies ich wegen der zahllosen Möglichkeiten, die die Stadt bot, keine Trübsal.

Zu unserem Abschiedsabend zu zweit gab es einen Kullerpfirsich, den sie noch nicht kannte. Zum Abschied schenkten wir uns mit einer Widmung versehene Bücher. Dabei erinnere ich mich an eine mich erheiternde Kleinigkeit: Während ich ein leinengebundenes Exemplar erhielt, war meines „nur" ein Paperback, was ihr als angehender Buchhändlerin wohl nicht als ganz „commentmäßig" erschien. Später ließ sie mich wissen, daß sie es in einem Zug durchgelesen habe. (Nicht verwunderlich bei einem empfindsamen Mädchen beim „Abschied vom Paradies" von Frank Thieß.) – Nach einem kurzen Brief- und Kartengruß aus der – oder in die – Ferne hörten wir nie mehr etwas voneinander.

Wie früher, bummelte ich auch jetzt, im Hochsommer, im späteren Verlauf des Tages gern über die Prachtstraßen. Die sie säumenden mehrstökkigen Gebäude gaben die große Hitze, die sie tagsüber gespeichert hatten, abends und nachts wieder ab. Diese Wärme wurde, zumal da ein leichter Wind ging, als so angenehm empfunden, daß die Plätze der zahlreichen Lokale zu beiden Seiten der Straßen restlos besetzt waren.

Als ich mich aus einer Gasse auf die Hauptstraße zubewegte, sah ich an einem Tisch in einiger Entfernung die Sippschaft hocken. Ich war noch nicht bemerkt worden, weil sie in eine andere Richtung blickte. Ein junger Fuchs kam auf sie zu, ohne sie schon erkannt zu haben.

Diesen hatte ich kurz zuvor in einem lauschigen Gartenlokal am Rand des Parkes gesehen, in dem er mit einer hübschen Kommilitonin Abschied gefeiert hatte. Nachdem er sie zur Straßenbahn gebracht hatte, wollte er offenbar noch ein Glas Bier trinken, bevor er sich endgültig auf den Heimweg machte.

„Der Abend soll ihm nicht verdorben werden", dachte ich mit Blick auf die Sippschaft. Auf deren von Hitze und Alkoholgenuß gleichermaßen geröteten, aufgedunsenen Gesichtern schienen sich ihre zotigen Gedanken förmlich widerzuspiegeln. Sie würden den Fuchsen mit anzüglichen Fragen wie „Na, wie war's? War ‚es' schön?" aus seiner lauteren Stimmung reißen, um sich dann an seiner Verlegenheit zu weiden.

„Nein!" sagte ich mir, „das werde ich nicht zulassen. Da gestalten sich zwei junge Leute, die Gefallen aneinander gefunden haben, auf arglose Weise einen schönen Abend, doch diese Typen unterstellen sofort etwas Niedriges." Ich rief den Fuchsen zwar leise, doch deutlich vernehmbar an. Dieser reagierte sofort und kam mit einem höflichen „Guten Abend, Senior!" auf mich zu.

„Der eine kommt, der andere geht. Du erkundest die Stadt, und ich verabschiede mich von ihr. – Wie wäre es mit einem kleinen Schlummertrunk?"

Der Fuchs stimmte erfreut zu, und wir umgingen die Sippschaft. In der Nähe gab es einen kleinen, mit Linden bestandenen Platz. Unter ihnen fanden wir einen leeren Tisch, an dem wir uns niederließen. Bei einem gepflegten Glas Bier führten wir ein gutes Gespräch, in dem ich dem jungen Corpsbruder manchen nützlichen Hinweis für das Aktivenleben gab.

Kurz darauf reiste ich frühmorgens ab. Merkwürdigerweise erinnere ich mich heute noch daran, daß die großen Ein- und Ausfallstraßen – es war ein Sonnabend – kaum befahren waren. Als das Taxi am Haus vorbeifuhr, warf ich nur einen kurzen Blick auf es. Dann dachte ich an die nun vergangene Aktivenzeit.

Die erste Bilanz

„Ist es richtig gewesen, daß ich aktiv geworden bin?“ fragte ich mich. – Die Frage war verfrüht. Die vier Aktivensemester waren eben erst zu Ende gegangen. Gedanklich war ich ihnen noch so sehr verhaftet, daß ich mir nicht unverzüglich die entscheidende Frage stellte, nämlich die nach dem eigentlichen Sinn des Aktivseins. Das Erlebte war zu frisch, als daß ich es bereits jetzt endgültig hätte bilanzieren können.

Eines ließ sich jedoch jetzt schon sagen: Ich hatte außerordentlich viel Zeit für das Aktivenleben aufgewendet. Sie war zwar nicht gänzlich verloren, wohl aber weitgehend verschwendet worden. Nicht, daß ich immer nur gebüffelt hätte, wenn ich nicht aktiv geworden wäre. Nein, neben dem Studium hätte es auch sonst immer Freizeit gegeben. Nur – diese hätte ich auf andere und – vor allem! – auf bessere Weise nutzen können. Individualist und Einzelgänger, der ich nun einmal war, hätte ich diese ganz nach eigenen Vorstellungen ausgefüllt, ohne durch etliches, was mir nicht zusagte, eingeengt zu werden.

Ich sah nach vorn. Bald würde der nächste Abschnitt meines Studiums beginnen, eine gewollt arbeitsreiche Zeit. Ich würde nicht mehr durch pflichtbedingte Teilnahme an zahllosen ablenkenden Veranstaltungen immer wieder daran gehindert werden, so zu studieren, wie ich es wollte.

Welch ein Unterschied zwischen diesen und den vorangegangenen Semestern! In gewisser Weise hatte ich bisher ein Doppelleben geführt. Einerseits hatte ich studiert, andererseits hatte ich eigenständig – und sehr zeitintensiv! – „privat“ gelebt. – Und jetzt? Nun war alles, was nicht mein Studium betraf, so sehr an den Rand gerückt, daß es nur noch den Rahmen bildete, in dem sich dieses abspielte. Zunächst allerdings schien es wie gewohnt weiterzugehen.

Die mittleren Semester

Aktiver Inaktiver

Noch während meiner Aktivenzeit in München hatte ich bei einer Lumpenkneipe, zu der ein anderes Corps eingeladen hatte, zufällig neben einem externen Inaktiven gesessen. Da dieser, wie sich bald herausstellte, in Leinestadt studierte, erkundigte ich mich sofort nach den dortigen Studienbedingungen.

Nachdem der Inaktive die entsprechenden Auskünfte gegeben hatte, lud er mich zur Semesterantrittskneipe zu Beginn des Wintersemesters ein. Auch sonst war er sehr hilfsbereit. Er bot mir an, mich vorübergehend auf dem Corpshaus unterzubringen, falls es mir nicht gleich gelingen sollte, ein Zimmer zu finden.

Auch wenn ich an meinem neuen Studienort bereits ein hübsches Zimmer gemietet hatte, bedankte ich mich gleich nach meiner Ankunft persönlich mit höflichen Worten und einer – erfreut entgegengenommenen – Flasche Sekt, weil ich nicht bis zur Semesterantrittskneipe warten wollte.

Zunächst machte ich dem Corps, dem ich von meinem eigenen als Verkehrsgast annonciert worden war, einen Antrittsbesuch. Ich wurde sehr freundlich, wenn auch etwas verkatert, empfangen. Am Abend vorher nämlich hatte die Aktivitas das Examen eines Corpsbruders gefeiert, der drei Gänse und – wenn ich mich nicht verhört hatte – ebenso viele Fäßchen Bier gestiftet hatte. Als ich mich verabschiedete, wurde ich zur Semesterantrittskneipe eingeladen.

Zu ihr erschien ich einen Tag zu früh, weil ich mich im Datum geirrt hatte. Unversehens geriet ich an diesem Abend in einen inoffiziellen Inaktivenstammtisch hinein. Da mir die Corona gut gefiel, blieb ich bis halb zwei Uhr in der Frühe.

Am Abend des darauffolgenden Tages ging es dann richtig los. Nach Beendigung der Kneipe zog die eine Hälfte der Kneipanten zu einem Alten Herrn, um in dessen Hause weiterzufeiern. Das geschah so ausgiebig, daß ich mich erst um sechs Uhr früh schlafen legen konnte.

Nachdem ich aufgewacht war, stellte ich fest, daß mein Hut verschwunden war. Ich vermutete, daß ihn ein anderer anstelle seines eigenen aufgesetzt hatte. Es war, wie ich vermutet hatte. Mein Hut war tatsächlich von einem Alten Herrn, der sehr schlecht sah, versehentlich davongetragen worden.

Diese Belanglosigkeit hätte ich bald vergessen, wenn sie nicht eine unmittelbare Folge gezeitigt hätte. Als ich meinen Hut auf dem Corpshaus abholte, wurde ich vom Senior gleich zu einer inoffiziellen Feuerzangenbowle für denselben Abend eingeladen. Ich nahm dankend an. Der nette Abend, den ich verlebte, endete morgens um halb zwei.

„So geht das nicht weiter!" rief ich mich innerlich selbst zur Ordnung. „Ich habe die Universität gewechselt, um nicht nur in aller Ruhe, sondern vor allem mit voller Kraft zu arbeiten. Und jetzt?! – An Couleurveranstaltungen werde ich nur noch gelegentlich teilnehmen. Das Studium geht vor." An diesem Entschluß hielt ich eisern fest.

Daher nahm ich – auch wenn ich inzwischen offizieller Verkehrsgast geworden war – Einladungen nur noch an, wenn ich es mit meinem Studium für vereinbar hielt. So hatte ich von dem Angebot, am täglichen offiziellen Mittagstisch auf dem Corpshaus teilzunehmen, keinen Gebrauch gemacht. An einigen Tagen endeten die Vorlesungen um zwölf oder dreizehn Uhr, so daß ich nicht pünktlich zu Tisch erscheinen konnte. An den anderen Tagen wollte ich es aus allgemein zeitlichen Gründen nicht. Während meiner Aktivenzeit hatte ich immer auf dem Haus, nie in der Mensa gegessen. Ich wußte nicht einmal, wo sie sich befand.

Wie leicht hatte es sich auf dem Haus ergeben, daß man sich nach beendeter Mahlzeit nicht gleich zerstreute, sondern noch ein wenig plaudernd beisammensaß. Manchmal hatte man sich bei einem bestimmten Thema die Köpfe heißgeredet, ohne darauf zu achten, wie lange man diskutierte. Warum sollte es hier anders sein? – Nein, diese Zeit ließ sich besser zum Arbeiten verwenden.

Manchmal sagte ich ab, weil ich zum Skilaufen in den Harz fuhr. Schon der erste dieser Skitage war sehr schön. Einen Skikurs belegte ich nicht, obwohl dieser nur eine DM kostete. Schließlich sei ich, wie ich mich selbst ironisierte, ein hochalpiner Läufer. Freiweg bewegte ich mich zu Tal, wobei ich allerdings die ersten ein, zwei Male eher „segelte“ als abfuhr. Doch dann hatte ich wie früher den richtigen Schwung, und es ging ganz ordentlich.

Zurückgekehrt, ging ich nach einem guten Abendessen bald zur Ruhe. Ich zog es vor, am Morgen ausgeruht zu sein. Als ich aufstand, stellte ich fest, daß ich mehr als elf Stunden durchgeschlafen hatte. Entspannt verlebte ich den Sonntag, was mir nach einer durchzechten oder durchtanzten Nacht nicht möglich gewesen wäre.

Hin und wieder überschnitten sich zwei Veranstaltungen zeitlich. Gerade an dem Wochenende, an dem ich beabsichtigte, zum Gründungstreffen des Corps meines Vaters zu fahren, um mit ihm gemeinsam den Landesvater zu stechen, hatte mein Verkehrscorps zu einem Tanzfest eingeladen. Da dessen Consenior mit Recht annahm, daß ich nicht schon nach einigen wenigen Wochen Damenbekanntschaften geschlossen hatte, wollte er sich bemühen, für mich eine nette Tanzpartnerin einzuladen. Man hielt eben auf Stil und Form.

Deren strike Beachtung hätte fast dazu geführt, daß der Damenflor eines der ältesten Corps nicht um eine besonders hübsche Couleurdame bereichert worden wäre. Dies erfuhr ich erst Jahrzehnte später.

Bei einem der gemeinsamen Abendessen während einer meiner Studienreisen kam ich mit einer Direktrice ins Gespräch. Als ich erwähnte, daß ich einige Semester in Leinestadt studiert hatte, fragte sie mich: „Waren Sie dort aktiv?“

„Nein. Meine Aktivenzeit hatte ich bereits hinter mir.“

Als ich ihr den Namen des Corps nannte, bei dem ich Verkehrsgast gewesen war, erwiderte sie: „Von ihm habe ich nur etwas gehört, weil ich als Couleurdame bei einem anderen Corps getanzt habe – zu Beginn der 1950er Jahre.“

„Dann haben Sie ja noch die alten Umgangsformen kennengelernt, die aus der Weimarer Zeit stammten.“

„Das kann man wohl sagen!“

„Hm“, brummte ich und wurde sehr aufmerksam. „Jetzt bricht der Soziologe in mir durch.“

„Wie bitte?“

„Sie sprachen kürzlich über Ihren Beruf. Aus einigen Ihrer Bemerkungen habe ich geschlossen, die Sie eine leitende Stellung in einem der führenden Modehäuser einnehmen. Trifft dies zu?"

„Ja."

„Gestatten Sie mir zu fragen, wie Sie Ihre Laufbahn begonnen haben?"

„Ich erlernte das Schneiderhandwerk. Ich –" Sie unterbrach sich und lachte auf. „Jetzt verstehe ich die gesellschaftswissenschaftliche Fragestellung. Sie haben offenbar etwas Bestimmtes vermutet und sich sogleich gefragt, wie ich, zunächst nur ein Lehrling in einem manuellen Beruf, in einen so feudalen Kreis gelangen konnte."

„Sie haben es getroffen. Deswegen –" Ein Stühlerücken ließ mich aufblikken. „Das Essen ist beendet. Mir liegt sehr daran, daß wir unser Gespräch fortsetzen. Darf ich Sie zu einem Rosé einladen, der in dieser Region immer wieder besonders gelobt wird?"

„Gern."

„Dann schlage ich vor, daß wir ihm auf der Terrasse zusprechen."

Wir fanden rasch einen Platz, von dem wir eine gute Aussicht auf die herrliche Umgebung hatten. Nachdem ich bestellt hatte, setzten wir unsere Unterhaltung fort, ohne durch irgendwelche Mitreisenden gestört zu werden.

„Nun bin ich gespannt darauf zu erfahren, wie sich die Geschichte entwickelt hat."

„Es begann damit, daß eines Abends im Theater neben mir ein junger Mann saß, der mich in der Pause höflich fragte, ob er meine Meinung zu dem gegebenen Stück hören könne. Es gebe da einiges, worüber er gern diskutiert hätte.

Als ich zustimmend nickte, stellte er sich vor. Dann gingen wir ins Foyer und gerieten sofort in einen angeregten Gedankenaustausch. Diesen setzten wir nach Ende der Vorstellung im Theaterrestaurant fort. Zwischendurch blickte ich kurz auf die Uhr und sagte: ‚Verstehen Sie mich bitte nicht falsch. Ich tue es nur, um zu wissen, wieviel Zeit ich bis zur Abfahrt des nächsten Busses habe.'

‚Es würde mich sehr freuen, wenn Sie erst mit dem übernächsten fahren würden. Ich möchte noch gern etwas mit Ihnen besprechen. Ich bin Corpsstudent und würde Sie, falls Sie es möchten, bei uns als Couleurdame annoncieren.'

‚Warum nicht?' dachte ich. ‚Ich tanze gern, und die Festlichkeiten werden sicherlich in einem gepflegten Rahmen verlaufen.' Ich sagte zu.

Daraufhin bat er mich um meine Adresse, damit mir der Consenior eine offizielle Einladung zukommen lassen konnte, und fügte hinzu: ‚Vor dem Tanzabend werden Sie der Patronesse, Frau Etorps, vorgestellt.'

Da ich nicht wußte, wer oder was sie war, fragte ich: ‚Ist das ein schwedischer Name?'

‚Nicht daß ich wüßte. – Wie kommen Sie darauf?'

‚Nun, der Name Eketorp ist mir von meinen Besuchen in Schweden geläufig.'

‚Wie? – Oh, ein Mißverständnis. Sie heißt nicht Eketorp, sondern Etorps.'

Nachdem ich mit der förmlichen Einladung einen Termin für das Gespräch mit der Patronesse erhalten hatte, fand ich mich pünktlich ein. Auf dem Haus empfing mich mein Bekannter und bat mich um einen Augenblick Geduld. Die Patronesse sei noch damit beschäftigt, einige Anordnungen für das Tanzfest zu treffen.

Dann wurde ich in den Raum geleitet, in dem sie weilte. Sie thronte in einem altertümlichen, hochlehnigen Sessel, der in der Mitte der der Tür gegenüberliegenden Wand stand. Beim Durchschreiten des Raumes fand ich Zeit, mir einen Eindruck von ihr zu verschaffen.

Sie war von einer Statur, die mich sofort an von Rubens gemalte Modelle denken ließ. Sie nur als ‚füllig' zu bezeichnen, wäre selbst einem Schmeichler kaum möglich gewesen.

Mir fiel ihr raffiniert geschnittenes Kleid auf. In der Mitte war es von einer hellen Farbe, die gut zu ihrem blonden Haar paßte. Wenn man genauer hinsah, bemerkte man allerdings, daß der helle Stoff zu beiden Seiten durch dunkelblauen ergänzt wurde. Durch diesen optischen Trick wirkte sie schlanker, als sie es in Wirklichkeit war. Ich hatte kaum meine erste Musterung beendet, als der Corpsbursch mich vorstellte.

‚Gnädige Frau: Fräulein Nadelmeister.'

Meinem Gruß fügte ich ein ‚gnädige Frau' hinzu und sank in einen Hofknicks. – Sie hätten sehen sollen, wie sie zu strahlen begann! Sie dankte so huldvoll, daß ich mir sicher war, vorbehaltlos akzeptiert worden zu sein.

Als sie fragte, was ich beruflich mache, antwortete ich: ‚Ich studiere. Bei Professor Stich.'

‚Ach ja, natürlich. Wie konnte ich danach fragen!' So sprach sie, doch schien sie zu denken: ‚Wie heißt er? Diesen Namen habe ich nie gehört.'

Dann erkundigte sie sich: ‚Was studieren Sie?'

‚Stichologie.'

Ohne weitere Nachfrage meinte Frau Etorps: ‚Ich halte es für sehr erfreulich, daß eine so ehrwürdige alte Universität wie die unsrige stets Neuem aufgeschlossen ist und es in ihren Fächerkanon aufnimmt.'"

Ernst lächelnd schaute ich die Direktrice an. „Vielleicht wundern Sie sich, daß ich über diese Geschichte nicht lache, obwohl sie ergötzlich klingt. Das hat einen einfachen Grund. Sie ist nur vordergründig heiter."

Unvermittelt fragte ich: „Wie alt war die Patronesse damals Ihrer Meinung nach?"

Obwohl diese Frage in keinem ihr ersichtlichen inneren Zusammenhang mit dem unmittelbar vorher Gesagten stand, antwortete die Direktrice: „Ich habe sie für eine Mittfünfzigerin gehalten."

„Jetzt läßt sich ihr Verhalten ohne weiteres erklären. Sie ist um die Wende vom neunzehnten zum zwanzigsten Jahrhundert, also zur Zeit des Kaiserreiches, geboren worden. Damals herrschten ganz andere gesellschaftliche Verhaltensweisen als ein Jahrzehnt nach Ende des Zweiten Weltkrieges.

In dem gravitätischen Gehabe der Madame La Patronesse drückte sich doch nur der gesellschaftliche Zwang aus, in dem sie sich befand. Allerdings war sie sich dessen wahrscheinlich kaum noch oder gar nicht mehr bewußt und hatte sich an diese Art zu leben so gewöhnt oder gar solches Gefallen daran gefunden, daß sie nichts anderes mehr wollte.

Verstehen Sie mich bitte nicht falsch: Ich habe nicht beabsichtigt, deren Gebaren in irgendeiner Weise zu beschönigen. Ich wollte es lediglich erklären."

Die Direktrice nickte nachdenklich. „Jetzt ist mir ihre Reaktion – oder vielmehr deren Ausbleiben – auf meine Angabe über mein ‚Studium' verständlich. Ich hielt es für ziemlich frech, ‚Stichologie' zu antworten. Wenn sie weitergefragt hätte, wäre der Schwindel wohl aufgeflogen, und ich wäre als Couleurdame nicht akzeptiert worden."

„Höchstwahrscheinlich nicht. – Stichologie!“ lachte ich auf, wurde jedoch gleich wieder ernst. „Einerseits erheitert mich dies, doch andererseits stößt mich eine Verhaltensweise wie die der Frau Etorps nach wie vor ab. Auch heute noch wirkt sie auf mich lächerlich.“

Nach kurzem Schweigen fuhr ich fort: „Daß sie die Ironie dieses Wortes nicht erkannt hat, erklärt sich mir geradewegs aus ihrem Selbstverständnis. Es war für sie offensichtlich unvorstellbar, daß sich jemand erdreisten könnte, einer sich so würdevoll wie sie gebenden Honoratiorendame etwas Ungehöriges zu sagen.“

„Das klingt überzeugend. Doch damals – ich war noch nicht einmal zwanzig Jahre alt – konnte ich dies alles noch nicht durchschauen. Außerdem hatte ich mich auf die Sache eingelassen und mußte nun meine Rolle spielen. Seinerzeit verspürte ich nur ein eher unterschwelliges Unbehagen, doch später sah ich klarer. Ihrer Auffassung kann ich daher ohne weiteres zustimmen. – Davon abgesehen: Die Tanzfeste vom hochoffiziellen Stiftungsfestball bis hin zum gemütlichen Tanztee, um derentwillen ich Couleurdame geworden bin, sind mir in so guter Erinnerung geblieben, daß ich gern an sie zurückdenke. Diese“, fügte sie lächelnd hinzu, „ist ‚das einzige Paradies, woraus wir nicht vertrieben werden können‘.“

„Oder doch: ‚The Paradise Lost‘?“ konnte ich mich nicht enthalten zu kontern, lenkte dann aber ein: „So gern ich mit Ihnen jetzt über Jean Paul und Milton debattieren möchte, schlage ich mit Blick auf die späte Stunde vor, dies zu vertagen und diesen Sommerabend geruhsam enden zu lassen.“

Voll im Studium

Die ersten Couleurveranstaltungen, bei denen ich die eine oder andere Nacht zum Tage gemacht hatte, hatten vor Beginn oder in den ersten Tagen des Semesters gelegen. Nun begann der akademische Betrieb, wie üblich mit der Immatrikulation.

Zwar war mir nicht ersichtlich, aus welchem Grunde neben den selbstverständlichen Dokumenten, wie dem Reifezeugnis, ein handgeschriebener

Lebenslauf und ein polizeiliches Führungszeugnis vorzulegen waren, doch wenn die Universitätsverwaltung es so wollte, sollte sie alles erhalten.

Die gut zweihundert DM Studiengebühren waren zu Semesterbeginn zu entrichten. Zu meiner Verwunderung hatte ich außerdem eine Diebstahlversicherung abzuschließen. Diese und der auf vielen Warntafeln sichtbare Hinweis, man solle auf seine Garderobe achten, ließen mich vermuten, daß so mancher offenbar seine eigenen Vorstellungen hinsichtlich fremden Eigentums und dessen Nutzung hatte.

Besonders ernst nahm ich die entsprechende Warnung nicht – bis mir eines Tages von der Garderobe unmittelbar vor dem Eingang zum Hörsaal mein Mantel gestohlen wurde. Meine Anzeige bei Polizei und Universitätsverwaltung verlief ergebnislos. Ich wurde angemessen entschädigt. Jede weitere Frage nach dem Sinn der zwangsweise abgeschlossenen Diebstahlversicherung erübrigte sich.

Die Universitätsgebäude lagen über die ganze Stadt verstreut. Die Bemerkung, diese habe keine, sondern sie sei eine Universität, fand ich mit Blick auf die teilweise langen und zeitraubenden Hin- und Rückwege nicht erheiternd. Da ich mich nicht zum Langstreckenläufer ausbilden wollte, mußte ich mir eine Busfahrkarte kaufen. Vom Erwerb eines Fahrrades hatte mir meine freundliche Vermieterin, Frau Hildemei, abgeraten, weil sich dieses Fortbewegungsmittel hierzulande großer Beliebtheit bei (Noch-)Nichtbesitzern erfreue.

Im täglichen Betrieb kam mir manches – im Vergleich mit meinem ersten Studienort – kleinformatig vor, doch dies wurde durch wichtige Institutionen mehr als ausgeglichen. Rasch stellte ich fest, daß die Universitätsbibliothek hervorragend ausgestattet war und daß es sich in ihr gut arbeiten ließ.

Das Belegen der Vorlesungen und Seminare verlief wie gewohnt. Neu war mir allerdings, daß ich, nachdem ich mich im Pädagogischen Seminar in die Liste für die Teilnahme an einem Proseminar eingetragen hatte, noch vor der ersten Sitzung eine dreistündige Wache in dessen Bibliothek zu halten hatte.

Vorher war ich in der Mensa gewesen. Das Essen (für eine DM) war keineswegs so tadelnswert, wie es immer wieder einmal behauptet wurde. – Es war wie überall: Diejenigen, die zu Hause gar keine Butter bekamen, mekkerten woanders, daß sie nur sowenig erhielten. – Nach dem Essen las ich in der Akademischen Lesehalle, die über der Mensa lag, bis ich in die nächste Vorlesung ging.

Knapp zwei Wochen nach Vorlesungsbeginn veranstaltete die Universität in ihrer Aula eine akademische Feier aus Anlaß der Verpflichtung der in diesem Wintersemester neu immatrikulierten Studierenden. Mit ihr verbunden war das Gedenken an den 420. Gründungstag der Albertus-Universität Königsberg/Preußen.

Nach Einzug des Lehrkörpers spielte die Akademische Orchestervereinigung einen Satz aus Mozarts Symphonie A-Dur. Dann hielt der Rektor der Universität eine Ansprache, der der Festvortrag eines der Osteuropa-Historiker der Universität folgte. Nachdem ein weiterer Satz aus derselben Symphonie gespielt worden war, erfolgte die feierliche Verpflichtung der neu Immatrikulierten durch den Rektor. Nach der anschließenden Ansprache des ersten Vorsitzenden des Allgemeinen Studentenausschusses endete die Feier mit dem Auszug des Lehrkörpers.

Dann ging es im studentischen Alltag weiter. Ich verfaßte die Arbeiten, die ich zum Erwerb meiner Scheine benötigte. Außerdem verfertigte ich von der einen oder anderen Seminarsitzung ein Protokoll, das ich in der nächsten Sitzung referierte.

Jetzt hatte ich an den meisten Wochenenden keinerlei gesellschaftliche Verpflichtungen mehr, und ich arbeitete nun auch an den Sonnabenden. Was sollte ich denn sonst machen?! Bald meinte ich, hier in zwei Monaten mehr getan zu haben als in München während eines ganzen Semesters.

Nun, auch in der Leinestadt konnte man am letzten Tag der Woche etwas anderes tun als zu arbeiten. Im Grunde genommen suchte ich jedoch gar keine Abwechslung. Ich kam lieber einmal wieder zu mir selbst.

Im übrigen war es für mich eine vergnügliche Abwechslung, an den Wochenenden meine Kochkünste weiterentwickeln zu können. Frau Hildemei hatte mir gestattet, ihre Küche zu benutzen, und so verpflegte ich mich an diesen Tagen auch mittags selbst.

Jahre später teilte mir jemand mit, daß Frau Hildemei sehr nach mir gefragt habe. Ich sei doch ihr bester Student gewesen, und ich hätte immer so gut gegessen. Das habe ihr wohl am meisten imponiert. – Hm! Ich hätte gedacht, daß sie sich an mich auch als an einen fleißigen Studenten erinnern würde. Doch was hatte sie in Wirklichkeit so beeindruckt, daß es ihr in Erinnerung blieb?! Andererseits hatte mich ihr Wohlwollen davor bewahrt, mir eine neue Unterkunft suchen zu müssen.

Frau Hildemei hatte noch zwei Zimmer vermietet. Deren Bewohnern begegnete ich nie, selbst abends nicht. Um diese Zeit waren diese beiden Verbindungsstudenten wohl meistens auf dem Haus. Eines Tages fragten sie Frau Hildemei hinterrücks, ob sie mir nicht kündigen könne, weil sie ein Zimmer für einen jungen Bundesbruder suchten. Da sie von den familiären Kontakten nichts wußten – Frau Hildemei war die Schwiegermutter einer meiner Cousinen – dürften sie sich ziemlich über ihre Antwort gewundert haben. Sie hatte ihnen nämlich bedeutet, daß sie nicht erstaunt sein sollten, wenn sie ihnen kündigen würde.

Dies hatte die beiden Nachbarn anscheinend so nachdenklich gemacht, daß sie sich mir bald darauf vorstellten. Sie gaben sich als Korporierte zu erkennen und wollten mir einiges vom Verbindungsleben erzählen. Ich winkte mit der Bemerkung ab, daß ich aktiv gewesen sei. Als ich ihre Frage nach meiner Verbandszugehörigkeit beantwortet hatte, wurden sie *sehr* höflich. Mit einem Corpsstudenten legte man sich besser nicht an.

Als ich mir einmal nach Rückkehr von einer Ski-Tagestour – es war hundsmiserables Wetter gewesen, den ganzen Tag Schneetreiben – abends etwas brutzelte, kam Frau Hildemei dazu und lud mich zum Fasching ein. Während sie mit ihrem Mann und mehreren Bekannten in ihrer Hausbar feierte, taten es die erwachsenen Kinder in der Wohnung eines jungen Ehepaares. Da ein Herr fehlte, verpflichtete sie mich kurzerhand mitzumachen. Anstatt mich gleich wohlig ausstrecken zu können, war mir dies erst gegen ein Uhr morgens möglich.

So gut es gemeint war – die Feierei mit dieser Jugend stellte nicht einmal einen schwachen Abglanz dessen dar, was ich mit Corpsbrüdern in der Faschingszeit in München angestellt hatte. Und der wieder großartige Faschingsball, den ich dort kurz zuvor erlebt hatte, war ohnehin unvergleichlich. War das ein Wochenende gewesen! – Die Tage dort hatten den Höhepunkt meiner privaten Vergnügungen in diesem Semester gebildet. Sonst waren sie, insgesamt gesehen, recht bescheiden gewesen.

Ich hatte spartanisch gelebt. Bier trank ich kaum noch. Von dem Dutzend Flaschen Wein, die mir mein Vater mitgegeben hatte, hatte ich noch keine geleert – und am Ende des dritten Semesters waren immer noch neun vorhanden.

Zur Abwechslung vom Durcharbeiten wissenschaftlicher Texte las ich belletristische Werke. Diese Lektüre war manchmal so spannend, daß ich, allen Vorsätzen zum Trotz, das Buch erst nach Mitternacht aus der Hand legte. Außerdem ging ich zur Entspannung ins Kino. Eine weitere Zerstreuung bestand nach Ende eines Proseminars um 22.00 Uhr im fast regelmäßigen Besuch der „Junkernschenke", in die der Seminarleiter mit etlichen Teilnehmern einfiel.

Ein Lokalbummel war ein Ausnahmefall. Einmal fand er deswegen statt, weil Peter Quedlin seine Reise nach München in Leinestadt unterbrach, um mich zu besuchen. Zunächst aßen wir im „Schwarzen Bären" zu Mittag. Danach unterhielten wir uns auf meiner Bude bei Bier und Cognac einige Stunden sehr gemütlich, bis es zum Bahnhof ging. Quedlin wollte nämlich bereits am Nachmittag weiterfahren. Als er jedoch feststellte, daß im Laufe der Nacht noch mehr Züge nach München gingen, verschob er seine Abfahrt.

Von dem vielen Laufen hatten wir natürlich Durst bekommen und waren daher zu einigen kleinen Pils in der „Alten Krone". Nach dem anschließenden Abendessen im „Walliser Keller" gingen wir zum Schluß in der Bierstube der „Junkernschenke" vor Anker, um die Zeit bis zur Abfahrt Quedlins nach Mitternacht zu überbrücken. Mein Gegenbesuch in München war für nur wenige Wochen später vorgesehen, zur Ballnacht im Deutschen Theater als dem Höhepunkt der Faschingssaison.

Während unserer Gespräche, in denen wir wieder einmal zahllose Themen diskutierten, hatte sich Quedlin auch zu seinen weiteren Studienplänen geäußert. Er beabsichtigte, bereits nach seinem dritten Aktivensemester München zu verlassen, weil er sein Studium so schnell wie möglich beenden wollte.

Nach einem Semester in Hamburg und drei in München blieben ihm drei weitere, um sich gut auf das Referendarexamen vorzubereiten. Er wollte sich nach sieben Semestern, d. h. zum frühestmöglichen Zeitpunkt, melden. Um seinen Zeitplan einzuhalten, wollte er kein viertes Semester aktiv sein.

Zwar meinte auch ich, daß man sein Studium möglichst rasch abschließen sollte – verlängern konnte man immer noch –, doch hielt ich die zeitlichen Überlegungen des Freundes für ein wenig zu optimistisch. Daher wollte ich ihm von einer zu frühzeitigen Examensmeldung abraten. Darüber sprach ich mit Quedlin während meines Faschingsbesuchs in München.

Die Rückfahrt nach Leinestadt begann und endete, jahreszeitlich bedingt, im Dunklen. Abends nahm ich an einer Seminarsitzung teil, die ich ganz gut überstand. Ich genehmigte mir sogar noch ein „Nachbierchen" in der „Junkernschenke".

Hatte der Monat mit den Faschingstagen in München turbulent begonnen, so endete er besinnlich mit meinem Geburtstag. Wiederum beging ich ihn allein. Zunächst hielt ich eine kleine Rückschau auf mein bisheriges Leben. Ich stellte fest, daß es doch ganz schön gewesen war. So hell, wie mein Lebenslicht leuchtete, war es auch in meinem Inneren.

Vergnügt wandte ich mich der Geburtstagspost zu und las sie bei einem Glas Sekt. Dabei prostete ich mir zunächst selbst kräftig zu und dann dem jeweiligen Gratulanten. Nachdem ich anschließend die Päckchen ausgepackt hatte, delektierte ich mich an einem Sektfrühstück.

Die Delikatessen hatten mich so angenehm gesättigt, daß ich auf das Mittagessen verzichtete und nach einer Ruhepause Kaffee trank. In einem der geschenkten Bücher las ich so lange, bis es Zeit war, sich für den Theaterbesuch umzuziehen. Nach einem kleinen delikaten Nachtimbiß kehrte ich auf mein Zimmer zurück, las wieder und ließ den Tag mit einem letzten Glas Sekt ausklingen. Ich hatte überaus harmonische Stunden verlebt.

Am Tag, bevor ich die Koffer für die Heimfahrt packte, hatte die letzte Sitzung im Pädagogischen Seminar stattgefunden. Nachdem sie um 22.00 Uhr beendet worden war, feierten die Teilnehmer einen so ausgedehnten „Hüttenabend", daß ich mich erst um Viertel vor fünf zur Ruhe begeben konnte.

Tätigkeit in vorlesungsfreier Zeit

Bereits in der Mitte des vorhergehenden Semesters hatte ich das Prüfungsamt für das Höhere Schulwesen aufgesucht, um einige Erkundigungen einzuziehen. Mein Antrag auf Ableistung eines vierwöchigen Volksschulpraktikums wurde genehmigt. Das Praktikum machte mir Spaß, weil ich nicht nur zu hospitieren brauchte, sondern auch unterrichten konnte, ungefähr fünfzehn Stunden in der Woche. Da ich es in den Semesterferien absolvierte, fiel Skiurlaub in den Alpen, den ich nach Beendigung der beiden letzten Wintersemester gemacht hatte, dieses Mal aus.

Bereits während dieser Zeit hatte ich beim Kultusministerium um Genehmigung zur Ableistung eines – ebenfalls vierwöchigen – Gymnasialpraktikums im Herbst dieses Jahres nachgesucht.

Während ich mich an nichts erinnere, was in meinem ersten Praktikum etwas Besonderes gewesen wäre, war mir beim anderen einiges im Gedächtnis verblieben, obwohl ich dieses Mal nur einige Stunden probeweise selbst Unterricht zu erteilen hatte.

Es wurde mir aufgetragen, Obersekundaner mit dem alltäglichen innenpolitischen Leben im klassischen Athen bekannt zu machen. Sofort erinnerte ich mich an die vorzügliche Vorlesung des Münchner Althistorikers, der in seiner umfassenden Darstellung auch diesen Aspekt ausführlich erörtert hatte. Meine damalige Mitschrift bildete eine der Grundlagen für meinen Unterricht.

Dieser verlief problemlos. Nach seiner Beendigung nannte der Studienrat, der während der Stunde anwesend gewesen war, die inhaltlichen und formalen Kriterien, nach denen zu unterrichten war. Da er nichts Kritikwürdiges fand, meinte er, das Dargebotene sei ja ganz ordentlich gewesen. Der zweite Praktikant, der ebenfalls zugehört hatte, verhielt sich nicht so zurückhaltend. Offen meinte er: „So möchte auch ich einmal unterrichten können!"

Erst Jahre später erfuhr ich von einem ehemaligen Klassenkameraden den Grund für die trockene Bemerkung des Studienrates. Dieser, ein überzeugter Pazifist, vermittelte den Schülern der Klasse, die er zum Abitur zu führen hatte, seine Gesinnung so, daß sie allesamt den Wehrdienst verweigerten. Was mochte er empfunden haben, als er, noch dazu von einem Anfänger, gesagt bekam, dieser habe – ausgerechnet beim Militär! – etwas Vernünftiges gelernt, nämlich einwandfrei zu unterrichten?

Meine andere Erinnerung bezieht sich auf das Verhalten zweier Klassen der Oberstufe. Während sich die eine den von mir vorgetragenen Unterrichtsstoff regungslos schweigend anhörte, beteiligte sich die andere sofort mit einer Vielzahl von Wortmeldungen. Ihr Interesse ging soweit, daß ich auch noch nach Ende der Stunde, während der Pause auf dem Gang, mit Fragen bestürmt wurde. Der Oberstudienrat, der dies beobachtet hatte, meinte, die Primaner seien von mir ganz begeistert gewesen. Dem wollte ich im zweiten Fall nicht widersprechen. Die unterschiedlichen, ja gegensätzlichen Reaktionen der beiden Primen konnte ich mir allerdings nicht erklären.

Zwischen den beiden Praktika hatte das Sommersemester gelegen. Wenn auch die Vorlesungen und Übungen in den gewohnten Bahnen verliefen, so waren doch die Verhaltensweisen einzelner Angehöriger des Lehrkörpers auf ganz andere Weise „gewöhnlich". Die Aufforderung im wohl bekanntesten alten Studentenlied, dem „Gaudeamus igitur", alle Professoren hochleben zu lassen, hätte ich jedenfalls nicht befolgt.

„Vivant professores"?

An der Georgia Augusta hatte ich mich immatrikuliert, weil sie zur damaligen Zeit als eine Hochburg der Historiker galt. Nachdem ich jedoch mehrere von diesen kennengelernt hatte, begann ich zu bezweifeln, mich gut entschieden zu haben.

Da war zunächst der Althistoriker Derfla, der einzige Ordinarius für den gesamten Bereich der Alten Geschichte. Dessen Verhalten ließ mich erstmals erkennen, daß auch eine Massenuniversität Vorteile haben konnte. Aufgrund der größeren Studentenzahlen war ihr akademischer Lehrkörper umfangreicher. Man konnte zwischen den Dozenten wählen, war also nicht von der Willkür eines einzigen abhängig.

Zwar benötigte ich für mein Studium der Neueren und der Zeitgeschichte keinen Leistungsnachweis aus dem Bereich der Alten Geschichte, doch ich wollte auch in dem einen Schein erwerben.

Wer an einem Seminar teilnehmen wollte, hatte eine Aufnahmeklausur zu schreiben. Geprüft wurde aus dem ganzen Bereich der Alten Geschichte. Bestanden hatte derjenige, der mindestens drei Viertel der gestellten Fragen richtig beantwortet und damit 75 von hundert möglichen Punkten erhalten hatte.

Da die Aufnahmeklausur nach entsprechender Vorbereitung ohne weiteres zu schaffen war, arbeitete ich neben meinem Praktikum ein Lehrbuch über Alte Geschichte durch. Die griechische Geschichte schaffte ich ganz, die römische zur Hälfte.

Die Angabe über das Ausmaß des Prüfungsstoffes erwies sich als unrichtig. Die Prüfungsfragen für diejenigen, die am Hauptseminar teilnehmen wollten, waren der griechischen, diejenigen für die Interessenten am Proseminar der römischen Geschichte entnommen.

Dennoch hatte ich mich nicht zu umfassend vorbereitet. Nicht nur, weil der Erwerb oder auch nur die Auffrischung von Wissen nie unzweckmäßig ist, sondern auch, weil ich für dieses oder das nächste Jahr eine kunsthistorische Studienreise nach Griechenland plante.

Im übrigen hatte die Durcharbeit der „halben" römischen Geschichte genügt, um die Fragen zu fünfundachtzig Prozent richtig zu beantworten. Dennoch konnte ich nicht teilnehmen. Da Derfla nur eine begrenzte Zahl an Seminaristen wollte, hatte er die Punktezahl für die Teilnahmeberechtigung so lange erhöht, bis sie ihm recht war. Was kümmerte es ihn, daß er selbst zunächst anderes festgelegt hatte?

Zu dieser Willkürmaßnahme kam etwas, das mich abstieß. Ungeprüft waren alle aufgenommen worden, die zwei Semester lang in einem Anfänger-Kolloquium gesessen hatten. Dieses war zwar gebührenpflichtig gewesen, doch das zweckgebundene „Absitzen" hatte sich für die Geldbringer bezahlt gemacht.

Daß sich Derfla nicht nur ausnahmsweise selbstherrlich aufführte, entnahm ich einem kurzen Gespräch, das ich in der Mensa zufällig mit anhörte. Ein Kommilitone, der auf die Essensausgabe wartete, erkundigte sich bei dem neben ihm Stehenden, ob er schon länger hier sei.

„Vom ersten Semester an."

„Dann kennen Sie doch sicher Derfla?"

„Natürlich."

„Wie günstig. Ich möchte im nächsten Semester bei ihm an einer Übung teilnehmen. Ich hätte daher gern gewußt, wo seine Forschungsschwerpunkte liegen."

„Der hat keine. Er dilettiert auf allen Gebieten."

Mit diesen Worten gingen die beiden mit ihren Essenstabletten davon.

Die althistorische Vorlesung besuchte ich zunächst, um das Antestat zu erhalten. Mit ihm war die Paraphe gemeint, mit der der Lehrende im Studienbuch seine Veranstaltung abzeichnete.

Nach dem zweiten Kolleg schwänzte ich es während des ganzen Semesters. Ich betrachtete es als Zeitvergeudung, mir etwas von einem Lehrstoff anzuhören, den ich kurz zuvor durchgearbeitet hatte.

In der letzten Vorlesung tauchte ich wieder auf, um mir das Abtestat zu holen. Derfla, dem mein Gesicht fremd war, betrachtete mich zwar kritisch und schien etwas sagen zu wollen, doch dann paraphierte er wortlos. Hätte er es nicht getan, wäre es belanglos gewesen, weil ich bereits beschlossen hatte, den Studienort zu wechseln.

Die Osteuropa-Historiker

Im Unterschied zum Bereich Alte Geschichte war derjenige für Osteuropäische Geschichte mit zwei Lehrstühlen vertreten. Die Lehr- und Forschungstätigkeit der beiden Ordinarien lag bei dem einen auf der polnischen, bei dem anderen auf der russischen Geschichte. Ersteren hatte ich bereits bei der Immatrikulationsfeier erlebt, hatte von ihm aber sonst keinen weiteren Eindruck. Doch – einen schon. Diesen hatte ich allerdings nicht schon in Leinestadt gewonnen, sondern erst an der neuen Universität, an die ich anschließend gewechselt war.

An ihr war es üblich, daß die Professoren für Geschichte nicht jeder für sich ein Doktorandenkolloquium abhielten, sondern gemeinsam tagten. Die Sitzungen waren schon deswegen immer wieder interessant, weil die Verfasser der entstehenden Dissertationen aus unterschiedlichen Zweigen der Geschichtswissenschaft vortrugen.

Eines Tages nun referierte ein angehender Osteuropa-Historiker. Der wissenschaftliche Betreuer dieser Arbeit, der inzwischen einen Ruf nach hier angenommen hatte, war voll des Lobes.

„Dies sind endlich einmal Darlegungen über ein beginnendes Arbeitsprojekt, die so durchdacht sind, daß man schon jetzt mit Fug und Recht hervorragende Forschungsergebnisse erwarten kann.“

Er fuhr fort, sich mit anerkennenden Worten so sehr zu überschlagen, daß mancher andere Doktorand bei sich meinte, er wäre schon mit einer weit geringeren positiven Äußerung seines Doktorvaters zufrieden.

Zum Vorteil für den vortragenden Doktoranden war – auch wenn es zunächst nicht danach aussah – wieder einmal der Historiker anwesend, der den zweiten Lehrstuhl für Neuere Geschichte innehatte.

„Ihre konzeptionellen Überlegungen klingen zwar recht überzeugend, doch ich bezweifle, daß sie sich umsetzen lassen. Nach meiner Kenntnis ist die Quellenlage, insgesamt gesehen, sehr dürftig. Sie würden viele Monate arbeiten, nur um schließlich zu erkennen, daß alle Ihre Mühe vergeblich gewesen ist. Für mich steht fest, daß Sie zu keinen wesentlichen neuen Erkenntnissen gelangen können.“

Da geschah etwas Unerwartetes. Nach den Ausführungen des Kollegen fiel der Osteuropa-Historiker unvermittelt über seinen Schüler her. Empört herrschte er ihn an: „Ich habe im Stillen gehofft, mich verhört zu haben, um nicht sagen zu müssen. Doch bei einem solchen Gefasel kann man selbst bei großem Wohlwollen nicht mehr nachsichtig sein. Wie konnten Sie es wagen, in diesem Kreis derartiges von sich zu geben! Das ist ja unglaublich!“

In dieser Tonart ging es weiter. Dem aufgebrachten Kritiker war anscheinend nicht bewußt, daß er durch sein Gebaren nicht nur seinen Schüler bloßstellte, sondern vor allem sich selbst blamierte.

Noch während des professoralen verbalen Wütens fragte ich mich, was der Grund für diesen vollständigen Meinungswechsel gewesen sein mochte. Bezog dieser Ordinarius als der wissenschaftliche Betreuer die Kritik des Kollegen auf sich selbst, weil er nicht erkannt hatte, daß das Thema nicht zufriedenstellend zu bewältigen war? Sah er in seinem Schüler den Sündenbock, über den er seinen Zorn ausgießen und so gleichzeitig von sich selbst ablenken konnte? – Wie auch immer – die Sitzung endete voller Mißklang.

Den zutiefst betroffenen Doktoranden forderte der andere Historiker auf, in seine Sprechstunde kommen. Der tat es mit dem Ergebnis, daß er sein bisheriges Thema aufgab und von diesem ein neues erhielt, weil er ihn als Doktoranden annahm.

Ein Verhalten, wie es der bisherige Doktorvater an den Tag gelegt hatte, hielt ich bei dem anderen Osteuropa-Historiker für ausgeschlossen. Dieser, ein aus dem Baltikum stammender Deutscher, hatte mit seinen grundlegenden Beiträgen zur osteuropäischen, insbesondere baltischen Geschichte wesentlich zu dem guten Ruf der Universität beigetragen und war weit über deren Grenzen hinaus bekannt und geachtet.

Als ich Jahrzehnte später – die baltischen Staaten waren der sowjetrussischen Diktatur entronnen und zu souveränen Staaten geworden – eine Studienreise durch sie vorbereitete, erarbeitete ich mir Grundzüge ihrer Geschichte aus dem Werk dieses Wissenschaftlers.

Ein Berufskranker

Nun war es an dieser Alma mater – wie an anderen auch – so, daß neben sehr hellem Licht Schatten besonders finster wirkte.

Außer der Willkür und den Launen des Althistorikers zeigte sich bei etlichen seiner Kollegen das, was als die Berufskrankheit der Professoren galt, nämlich die Arroganz. Ein besonders abstoßender Vertreter war der Neuzeithistoriker Pelheim.

Dieser machte in seinen – durchaus hörenswerten – Vorlesungen immer wieder Bemerkungen, die er selbst wohl für witzig hielt. Ich hingegen empfand sie wegen des Tonfalles, in dem sie vorgetragen wurden, und wegen des beifallheischenden Gesichtsausdrucks eher für eine Form von Selbstgefälligkeit.

So tönte er: „Wenn Sie bei einer Bahnfahrt in den Harz“ – die Strecke wurde genau beschrieben – „in irgendeinem Waggon nicht auf der rechten Seite sitzen, haben Sie meinen lichtvollen Ausführungen nicht mit der ihnen gebührenden Aufmerksamkeit gelauscht. Und dann wird Ihnen der Anblick des kulturhistorisch so bedeutsamen Bauwerkes entgehen, das Sie gesehen haben müssen.“

Ein andermal hieß es: „Über Ihre nicht überzeugenden Lateinkenntnisse sollten Sie sich nicht allzusehr grämen, die mittelalterlichen Mönche konnten auch kein Latein."

Als einmal zwei, drei Studenten einige Minuten vor Ende der Vorlesung gehen wollten, forderte sie Pelheim mit erhöhter Stimme auf: „Bleiben Sie! Ich habe noch einige Perlen!"

Diese Äußerung war für mich, dem sofort das „Perlen vor die Säue werfen" einfiel, sub omne canone. Ich faßte sie als Beschimpfung auf.

Überdies hatte Pelheim das Wort aus der Bergpredigt – ob er wußte, daß es von dorther stammte? – selbst in dieser doppelt verkürzten Wiedergabe falsch gebracht. Richtig lautet es: „eure Perlen sollt ihr nicht vor die Säue werfen". Einzig interessant wäre es gewesen zu erfahren, aus welchem Grunde Pelheim darauf bedacht war, seine „Perlen" dennoch loszuwerden.

Trotz einiger Bedenken wollte ich an einer seiner Seminarübungen teilnehmen. Ich hatte gelegentlich gehört, daß sie „gut" sein sollten.

Aus einem Grund, an den ich mich nicht mehr erinnere, hatte ich den Professor nicht, wie üblich, schon am Ende des Semesters, sondern erst zu Beginn des neuen aufgesucht, um um Aufnahme nachzusuchen. Pelheim sagte zwar nicht direkt zu, doch da er mir Literatur nannte, die bis zu Beginn der ersten Sitzung durchzuarbeiten war, faßte ich es als Zusage auf.

Auf mein Zimmer zurückgekehrt, betrachtete ich die Literaturliste genauer. Sie umfaßte ein halbes Dutzend Monographien und doppelt soviel Aufsätze. Überschlägig berechnete ich die Seitenzahlen und stellte fest: Selbst wenn ich zwei Wochen lang, bis zum Beginn der ersten Sitzung, alle Vorlesungen ausfallen ließe, um jeden Tag zehn Stunden zu lesen, würde ich nur einen Bruchteil durcharbeiten können.

Das Verhalten Pelheims bewertete ich als hinterhältig. Wenn er mich nicht aufnehmen wollte, hätte er es mir geradeheraus sagen können.

Da die lektüremäßige Vorbereitung unzulänglich bleiben mußte, beschloß ich, mich abzumelden. Ich hätte den Sitzungen zwar einfach fernbleiben können, doch es war nicht meine Art, mich zu drücken. So unangenehm mir die Situation war – ich suchte Pelheim auf. Zur Begründung meines Rückzuges hatte ich mir eine etwas provokative Bemerkung zurechtgelegt. Wie würde er reagieren?

Als er mir einen Platz angeboten und ich mich gesetzt hatte, sagte ich: „Herr Professor, ich bin gekommen, um mich abzumelden. Ich traue mir die Teilnahme nicht zu."

„Höh, höh, höh!" war das einzige, das ich zu hören bekam.

War das wirklich alles? Ich wartete einen Augenblick. Da Pelheim weiterhin schwieg, erhob ich mich und verabschiedete mich mit einem förmlich-kalten „Guten Tag".

Als ich wieder im Freien war, fragte ich mich, wie ich mich verhalten hätte, wenn ich an seiner Stelle gewesen wäre. Wahrscheinlich hätte ich mir die Unverfrorenheit verbeten, sich erst anzumelden und sich gleich darauf abzumelden, noch dazu mit einer derartigen „Begründung". Diese hätte mich wohl so aufgebracht, daß ich ein solches Verhalten unmißverständlich gerügt hätte.

Für mich war Pelheim „abgehakt". Als ich später einmal hörte, daß gegen ihn etliche Vorwürfe wegen gewisser Schriften erhoben wurden, die er im Dritten Reich verfaßt hatte, zuckte ich nur gleichgültig mit den Schultern. Was sollte das alles post festum? Und: Was gingen mich dessen problematische, anscheinend charakterlich bedingte Verhaltensweisen an? Nichts, auch wenn dieser sich inzwischen als „Edeldemokrat" sah.

Bei weiteren Historikern, wie dem Mediävisten oder demjenigen für Amerikanische Geschichte, bei denen ich Hauptseminare und Vorlesungen besuchte, lernte ich viel. Verhaltensweisen, wie ich sie vom Alt- und vom Neuzeit-Historiker her kannte, habe ich bei ihnen nicht wahrgenommen.

Der Reformpädagoge

Neben dieser Vielzahl von mehr oder minder bekannten Historikern – sie waren keineswegs alle über die Grenzen ihrer eigenen Universität hinaus bekannt – gab es einen „Star"-Pädagogen namens Tighen. Er galt, wie seine Kritiker hervorhoben, nicht wegen einer umfassenden wissenschaftlichen Leistung oder guter Lehrveranstaltungen als ein solcher, sondern aus einem ganz anderen Grund: Seine reformpädagogischen Ansichten wurden von bestimmten Bildungspolitikern als bemerkenswert progressiv beurteilt.

Deswegen konnte er an vielen Veranstaltungen teilnehmen, auf denen er als Vertreter des pädagogisch richtigen Bewußtseins ebenso theoretisch wie realitätsfern brillieren konnte.

Unter diesen Umständen blieb Tighen kaum Zeit zu gründlicher praktischer Arbeit. Lag es nur an ihnen oder doch etwas am geistigen Vermögen, daß er in seinen Veröffentlichungen zwar immer wieder zu akzeptablen Einzelergebnissen gelangte, nie aber zu einer Arbeit von grundlegender Bedeutung, die ihm die Anerkennung der Fachwelt eingebracht hätte?

Der Besuch einer Vorlesung hatte mir genügt, um auf jeden weiteren zu verzichten. Ich hielt es für sinnvoller, mein Fachwissen durch das Studium von Fachliteratur und durch die Teilnahme an einer Seminarübung zu erweitern.

Diese wurde von einem tüchtigen Assistenten Tighens veranstaltet. Gelegentlich kam dieser selbst hinzu. Meistens verhielt er sich ruhig, oder er äußerte sich, mit der Leistung seines Assistenten offenbar zufrieden, erst gegen Ende der Sitzung. Dann gab er seine optimistische Meinung zum besten. Mit Blick auf ein vom ihm besonders betreutes Schulreformexperiment meinte er: „Wenn sich nach zehn Jahren herausstellen sollte, daß es keine brauchbaren Ergebnisse erbracht hat, werden wir eben wieder von vorn beginnen."

Beredt setzte sich Tighen dafür ein, daß im alltäglichen Unterricht mehr Unordnung als bisher herrschte. Als Begründung führte er an, daß die Schüler dadurch gelehrt werden könnten, wie Ordnung zu schaffen war.

Nachdem ich dies alles gehört hatte, zweifelte ich keinen Augenblick am Scheitern eines derartigen Experimentes. Ich wunderte mich nur über die Leichtgläubigkeit, mit der es durchgeführt wurde. Jahre später kamen mir unterschiedliche Meinungen darüber zu Ohren, warum es – wie zu erwarten – mißlungen war. Es sei, wie ein Anhänger der Lehren Tighens zu beschönigen versuchte, aus „vielerlei gewissermaßen mikropolitischen Gründen" geschehen.

Während ich mich noch über diese Formulierung erheiterte, kehrte ich gedanklich zu Ausführungen zurück, die Tighen selbst gemacht hatte.

Dieser hatte sich in einer anderen Sitzung an die ungefähr dreißig Übungsteilnehmer mit den Worten gewandt: „Hier werden Ihnen viele fortschrittliche Gedanken vermittelt. Von ihnen erfüllt, werden Sie alle nach ihren Examina in den Schuldienst treten und sie verwirklichen. Wieder wird ein erheblicher Schritt zur Verbesserung der allgemeinen schulischen Situation getan sein."

Da meldete ich mich und erhielt das Wort.

„Herr Professor, von diesen dreißig werden sich die meisten über kurz oder lang an ihren älteren Kollegen orientieren und vieles, was sie hier als gut und richtig erfahren haben, nicht weiter umsetzen können oder wollen. Dies werden dauerhaft nur einige wenige tun – zwei, drei, vielleicht auch nur ein einziger."

„Sie! – Sie!! – Sie!!!" fuhr der Reformpädagoge hoch. „Man sollte den Hut nehmen und für Sie sammeln und Sie nach Australien schicken!" Kleine Pause, dann der leise Nachsatz: „Ich lasse mir von Ihnen doch nicht meine Illusionen rauben!"

Ich schwieg und konzentrierte mich darauf, nicht abzuschweifen, damit ich diese selbstentlarvende Reaktion nicht sofort zu analysieren begann. Doch kaum war die Seminarübung beendet, beschäftigten sich alle meine Gedanken mit dem eben Gehörten.

Das unwirsche Verhalten Tighens ließ sich leicht erklären. Er hatte die Richtigkeit der von mir geäußerten Überzeugung klar erkannt, und gerade deswegen hatte er sich geweigert, sie anzuerkennen.

Was ließ sich daraus schließen? Unvermittelt dachte ich an eine Formulierung, die ein von mir geschätzter Gelehrter in einer Abhandlung über politischen Moralismus geprägt hatte, nämlich daß die Gesinnung über die Urteilskraft triumphiere. Jetzt hatte ich dies selbst erlebt.

Welch ein Unterschied zwischen diesen beiden Professoren! Einerseits der sachlich-emotionslos denkende und argumentierende Wissenschaftler, andererseits ein Moralisierer, der ... Weiter kam ich nicht, weil in mir unvermittelt ein Gefühl unsäglicher Verachtung aufstieg und mich ganz erfaßte. Der war doch nicht etwa der Misologie verfallen?

So einer war Ordinarius! Wie konnte jemand bei dieser Grundeinstellung sein Fach an der Universität und über sie hinaus im Bereich der Wissenschaft sachlich überzeugend vertreten? – Gar nicht oder nur im Kreise Gleichgesinnter im Zeitgeist!

Würde Tighen über seinen Ausbruch hinaus reagieren? Ich fragte mich dies, weil ich mich gerade bei ihm schon zur Prüfung in Pädagogik gemeldet hatte. Vorsichtshalber kam ich im Anschluß an die nächste Sitzung auf den Vorgang zurück, doch Tighen erklärte nur leutselig: „Schon vergessen." Damit war die Angelegenheit erledigt.

Ein Extraordinarius

Von allen Professoren, denen ich in Vorlesungen und Seminarübungen begegnet bin, ist mir nur ein einziger aus einem heiter wirkenden Grund in Erinnerung geblieben.

Professor Eymer las fast täglich abends zwischen neunzehn und zwanzig Uhr. Er betrat den Hörsaal so regelmäßig um drei Minuten zu spät, daß man die Uhr danach stellen konnte. Obwohl dies immer geschah, bezeichnete er sich selbst des öfteren als ein Muster an Pünktlichkeit. Ich begann zu vermuten, daß dessen Uhr ständig um genau diese drei Minuten nachging, ohne daß es ihr Besitzer jemals bemerkt hatte.

Eines Tages nun waren nicht nur die gewohnten drei, sondern fünf, ja sogar zehn Minuten verstrichen, ohne daß Eymer gekommen war. Schon begannen die ersten Studenten, ihre Schreibunterlagen zusammenzupacken, als er in den Hörsaal stürzte. Völlig aufgelöst raufte er sich sein dichtes weißes Haar und stieß hervor: „Meine Damen und Herren! Gestern abend ist mir etwas Grauenvolles widerfahren. Ich saß in der Bahnhofsgastwirtschaft und genoß dort von dem vorzüglichen Einbecker Bier, mit dem sich bereits Luther stärkte, bevor er vor den Reichstag zu Worms trat."

Dann schilderte er in beredten Worten sein Mißgeschick. Zurückgekehrt, sei es ihm erst mit Hilfe einer freundlichen Nachbarin gelungen, das Haus zu betreten und in seine Wohnung zu gelangen.

Tags darauf habe er am späten Nachmittag in die Universität gehen wollen. Als er seinen Mantel anziehen wollte, sei ihm dieser merkwürdig fremd vorgekommen. Als er in eine seiner Taschen gegriffen habe, habe er eine Fahrkarte erster Klasse nach München hervorgezogen. Um seinen Irrtum anzugeben und aufzuklären, sei er zunächst zum Bahnhof geeilt und sei deswegen zu spät zum Kolleg gekommen. Das sei noch nie der Fall gewesen. Eheu!

Obwohl Eymer diesen Vorfall als ungewöhnlich peinlich empfand, schilderte er alles so drollig, daß seine Unachtsamkeit seiner Fahrigkeit zugeschrieben und daher weniger als Fehlverhalten denn als „bierseliges" Versehen aufgefaßt wurde.

Dies tat auch ich. Doch dann dachte ich an die von ihrer Berufskrankheit Befallenen. Wäre denen derartiges begegnet, hätten sie es sicherlich nicht coram publico ausgesprochen. Es hätte ja ein Eindruck entstehen können, der auf eine Unzulänglichkeit oder gar Schwäche bei ihnen hätte schließen lassen können.

Nein, diese Leute gehörten für mich zu dem Typus, der sich in einer Karikatur, die sich auf das Rätewesen um 1918 bezog, so äußerte: „Wir müssen einen Rat der Geistigen gründen – aber nur Qualität!"

„Wer käme da außer uns beiden in Betracht?"

Die so oft beobachtete selbstgefällige Voreingenommenheit hätte es mir verwehrt, einige Verse aus einem zweihundert Jahre zuvor entstandenen Studentenlied mitzusingen, in denen man die Professoren hochleben ließ und ihnen wünschte: „semper sint in flore."

Auf dem Prüfungsweg

Gleich nach Semesterbeginn meldete ich mich zum Teil A des Staatsexamens, wie die Prüfung in Philosophie und Pädagogik offiziell hieß. Es war, nach meinem sechsten Semester, der frühestmögliche Termin. Da die für November und Januar festgelegten Prüfungen ungefähr zwei Monate auseinander lagen, konnte ich mir die Vorbereitungszeit für beide Fächer gut aufteilen. Doch dann wurde der zweite Prüfungstermin von heut auf morgen auf Anfang Dezember vorverlegt.

Was hatte sich der zuständige Behördenmensch dabei gedacht – falls er dies überhaupt getan hatte? – Es war für mich günstig, daß ich bereits in der Semestermitte alle Arbeiten abgeschlossen hatte, die ich für den Erwerb meiner Scheine benötigte. Daher konzentrierte ich mich noch mehr, als es sonst erforderlich gewesen wäre, ganz auf die Erarbeitung der Prüfungsthemen.

Eine gewisse Abwechslung von meiner Arbeit boten mir gelegentliche Treffen mit einem ehemaligen Kameraden aus „meinem" alten Bataillon und dessen angehender Verlobten. Ich war ihnen zufällig in der Mensa begegnet. Gemeinsam ging man hin und wieder ins Kino, spielte eine Runde Skat oder Minigolf, lud sich gelegentlich zum Abendessen auf der jeweiligen Bude ein oder traf sich sonntags manchmal zu einem kleinen Frühschoppen.

Alle diese Unternehmungen waren weder zeitraubend noch kostspielig, sondern zerstreuten mich. Sie ermöglichten es mir, gedanklich „abzuschalten". Bei diesen Begegnungen kreiste mein Denken nicht um meine Arbeit, sondern ich löste mich von ihr. Hatte ich mich auf diese Weise entspannt, arbeitete ich mit neuem Schwung weiter.

Bei meinen Gängen durch die Universitätsgebäude schaute ich immer wieder auf die Schwarzen Bretter. So entging mir kein Vortrag zu Themen, die mich interessierten. War ich fündig geworden, hörte ich mir den jeweiligen Vortrag an.

An einen erinnere ich mich besonders, nämlich an den eines bedeutenden auswärtigen Soziologen über die politische Aufgabe der Wissenschaft. Seit langem war mir dessen grundlegende Abhandlung über die deutsche Universität bekannt, die er unter dem – mich innerlich ansprechenden – Haupttitel „Einsamkeit und Freiheit" veröffentlicht hatte. – „Was ist geblieben?" fragte ich mich nach der Lektüre. „Denkbar wenig, weil sie ihre ursprüngliche Idee und Gestalt längst eingebüßt hat."

Ein anderes Mal sah ich den Vortrag des Privatdozenten Dr. Rudolph angekündigt. Natürlich hörte ich ihn, war doch mein erstes Hauptseminar in Geschichte, das ich bei diesem in München besucht hatte, unvergessen.

Bald nach Beginn meiner Examensvorbereitungen kam mir im Pädagogischen Seminar zu Ohren, daß ich mit meiner Fächerkombination in Leinestadt nicht den Teil B des Staatsexamens ablegen konnte. Hatte ich mich verhört oder stimmte es? War es – falls letzteres zutraf – sinnvoll, den Teil A zu machen? Bevor ich mir darüber schlüssig wurde, erfuhr ich in einem weiteren Gespräch, daß Dr. Rudolph den Ruf auf den Lehrstuhl für Neuere Geschichte an einer neugegründeten Universität angenommen hatte.

In mir begann es, gedanklich zu gären. Seit der Teilnahme an dem „rudolphinischen“ Seminar an der Ludovica Maximiliana hatte ich hin und wieder erwogen, mit einer Arbeit aus dem damals abgehandelten Themenkreis zu promovieren. Dann hatte ich diesen Gedanken auf sich beruhen lassen, weil ich zunächst ein Staatsexamen ablegen wollte.

Doch jetzt beschäftigte mich das zeitweilig, manchmal eher unbewußt als bewußt, gehegte Promotionsvorhaben in immer stärkerem Maße. Nach Ablegen der A-Prüfung hinderte mich doch nichts daran, mich hier zu exmatrikulieren und an die neue Universität zu wechseln! Es war ja nicht so, daß ich mich nach der Georgia Augusta vor Sehnsucht verzehren würde, nachdem ich sie verlassen haben würde.

Gedanklich war ich an einem Scheideweg angelangt. Ich hatte eine Grundsatzentscheidung zu treffen, die nicht rückgängig zu machen war. Mit welchem Examen wollte ich mein Studium erfolgreich beenden? Mit dem, das mir den Eintritt in den Staatsdienst ermöglichte, oder mit dem, das die Voraussetzung für eine wissenschaftliche Tätigkeit war?

Ein bestandenes Staatsexamen war zwar eine sichere Grundlage für meine berufliche Zukunft, doch mit Blick auf mein eigentliches Ziel war es ein Umweg, es abzulegen. Und außerdem: Würde ich während der Referendarausbildung oder danach überhaupt genügend Zeit haben, um eine Dissertation zu verfassen?

Ich brauchte nicht lange zu überlegen. Rasch entschied ich mich für den wissenschaftlichen Abschluß. Es war ja immer mein Wunsch gewesen, mich forschend zu betätigen. Hinzu kam, daß ich innerlich längst auf Distanz zu jeglicher Lehrtätigkeit gegangen war. Das bedeutete allerdings auch – dessen war ich mir bewußt – den Verzicht auf eine akademische Laufbahn.

Der berührte mich jedoch aus zwei Gründen denkbar wenig. Das professorale Tun – das war für mich entscheidend – bestand mindestens zur Hälfte aus Wissensvermittlung, also aus Lehre. Ich aber wollte durch keinerlei Lehrverpflichtungen behinderte Forschungsarbeit leisten.

Hinzu kam meine Aversion gegenüber gewissen – keineswegs allen – Professoren, die ich bisher kennengelernt hatte. Was ich an Willkür, Arroganz, ideologisch motivierter Ablehnung von Fakten und etlichen anderen negativen Verhaltensweisen erlebt hatte, hatte genügt, mir den akademischen Betrieb zusätzlich zu verleiden. Zu dem hatte ich gehören wollen, zu dem?!

Jetzt strebte ich danach, mein Studium mit einem besonders qualifizierten Abschluß zu beenden. „Da hat sich", als ich von der Berufung Dr. Rudolphs erfuhr, „wohl wieder einmal das Quentchen Glück gezeigt, das ich bisher in allen Dingen gehabt habe." Sofort traf ich die für mich richtige Entscheidung.

„Iacta alea est!" rief ich in meiner Freude darüber aus, endlich den richtigen Weg gefunden zu haben. Sie war zu groß, als daß es mich bekümmerte, manches gemacht zu haben, was sich jetzt als überflüssig erwies.

„Hätte ich vom Ordinariat Dr. Rudolphs früher erfahren und daraus rechtzeitig die Konsequenzen ziehen können, hätte ich mich vielleicht gar nicht zur A-Prüfung gemeldet. Doch nun ist dies geschehen. Sie wird absolviert, obwohl ich sie nicht mehr benötige. Danach werde ich Doktorand, und wenn ich es geschafft habe, werde ich mich um eine Stelle an einem historischen Forschungsinstitut bewerben."

Etwas später erfuhr ich, daß ich hier doch den zweiten Teil des Staatsexamens ablegen konnte, doch diese Information war für mich nun belanglos.

Nachdem ich mir völlige Klarheit über den weiteren Verlauf meines Studiums verschafft hatte, beschäftigte ich mich erneut intensiv mit meinen Prüfungsthemen.

Darin wurde ich auch nicht durch eine inzwischen getroffene Verfügung gestört. Sie beinhaltete, daß diejenigen, die in Mittelalterlicher oder Neuerer Geschichte ein Hauptseminar besuchen wollten, eine Zwischenprüfung abzulegen hatten. Ein solches hatte ich jedoch bereits in München erfolgreich absolviert. Daher brauchte ich mir jetzt im Historischen Seminar nur noch die entsprechende Bescheinigung geben zu lassen, die mich ohne Zwischenprüfung zur Teilnahme berechtigte.

Mit Professor Rudolph wollte ich mich erst in Verbindung setzen, nachdem ich das Philosophikum abgelegt hatte.

Zunächst wurde ich in Philosophie geprüft. Anschließend fragte ich mich nach den Gründen für die mäßige Note „befriedigend". Ich fand sie schnell. Zwar hatte ich auch die zweite und dritte Frage ganz richtig beantwortet, doch ich hatte zu viel kombiniert. Das wäre nicht weiter schlimm gewesen, wenn der Prüfer nicht in einer für ihn typischen Weise reagiert hätte.

Enthielt nämlich eine Antwort ein bestimmtes Stichwort, lenkte ihn dieses in einer Art Pawlowschen Reflexes in eine für ihn gedanklich unverrückbare Richtung, und dann war es dem Prüfling unmöglich, auf das eigentliche Thema zurückzukommen. Hätte ich diese Eigentümlichkeit berücksichtigt, hätte ich eine bessere Note erzielt.

Mit dem Ergebnis der nur wenige Tage später erfolgten Prüfung in Pädagogik war ich unzufrieden. Ich hatte soviel Wissen in mich hineingestopft und war durch die Vorbereitung bis zur letzten Minute so überreizt, daß ich mich kaum noch konzentrieren konnte. So mußte ich mir die zweite – einfache! – Frage wiederholen lassen, bevor ich sie so erfaßte, daß ich sie beantworten konnte.

Die Note, die angeblich weder Lob noch Tadel beinhaltet, lautete „ausreichend". Ich war selbstkritisch genug, um sie nicht anzuerkennen. Wäre meine Vorbereitung zu benoten gewesen, wäre mindestens ein „Gut" angemessen gewesen. Doch da nicht die Erarbeitung des Prüfungsstoffes, sondern seine Präsentation zu beurteilen gewesen war, hätte die Note „mangelhaft" lauten müssen.

Aus den Umständen, aus denen diese Prüfung so unerfreulich verlaufen war, hatte ich nicht einfach gelernt, sondern endgültig erkannt, daß es gleichermaßen schlecht war, zuwenig oder zuviel zu arbeiten. Spätestens eine Woche vor Beginn der Prüfung hätte ich sämtliche Bücher weglegen und pausieren sollen, um das Gelernte in aller Ruhe noch einmal zu durchdenken. „Was nützt mir denn all mein Wissen, wenn ich es im entscheidenden Augenblick nicht angemessen anbringen kann?"

Dennoch besaß die ganze Sache auch etwas Positives. „Jedenfalls ist es gut", fuhr ich in meinem Gedankengang fort, „daß mir diese Erkenntnis jetzt und nicht erst im Rigorosum aufgegangen ist. Nicht noch einmal soll es mir widerfahren, daß ich mein fundiertes Wissen durch Unausgeruhtheit nicht überzeugend ausbreiten kann. – Und was sagt der Optimist? Wenn die Generalprobe – eben das Philosophikum – schlecht war, wird die Premiere um so besser!"

Dann wandte ich mich der Zukunft zu und schrieb an Professor Rudolph.

Dieser antwortete mir, ich möge zu einer Besprechung in die Universität kommen.

Zunächst verlief sie in allgemeinen Bahnen, weil sich Professor Rudolph erst wieder ein genaueres Bild von mir verschaffen wollte; schließlich war es fast zwei Jahre her, daß ich an seinem Seminar teilgenommen hatte. Dann fragte er mich nach den Vorstellungen, die ich über meine Arbeit hatte.

Die beiden Themen, die ich ihm daraufhin nannte, sagten ihm nicht recht zu. Ich war – anders als im Philosophikum – so ausgeruht, daß mir bei den anschließenden Ausführungen Rudolphs sogleich unmittelbar einsichtig war, was er wollte. Daher erkundigte ich mich, ob er nicht ein Thema aus einem Gebiet für mich habe, dessen Erforschung er für wichtig halte.

Sofort zückte Rudolph ein bereitliegendes Heft und nannte mir zehn Themen, von denen er drei in die engere Wahl zog. Eines interessierte mich so, daß ich es gern erarbeitet hätte, und ich sagte es. Der Professor war einverstanden und nahm mich als Doktoranden an.

Ortsabwesender Inaktiver

Obwohl ich gleich nach Semesterbeginn voll in meine Arbeit eingespannt war, fiel mir auf, daß das Corps nichts mehr von sich hören ließ. Von Vorgängen, die sich nach meinem Weggang in der Aktivitas abspielten, erfuhr ich durch Briefe Conis und Peter Quedlins. Diesem war übel mitgespielt worden.

Am Tag nach einer offiziellen Kneipe hatten der Senior und Quedlin noch unter den Einwirkungen des Früh und auch Abendschoppens auf dem Haus „ein wenig randaliert; sonst eigentlich nichts“, wie Peter mir als seinem Leibburschen mitteilte.

Dieses Verhalten sollte mit einem protokollierten Verweis bestraft werden. Als sich der Convent darüber schon einig war, stand ein Inaktiver auf und meinte, daß es Dimission sein müßte. Diese erreichte er mit einer – seiner – Stimme Mehrheit.

Im Grunde genommen, war es nicht um Quedlin als den Drittchargierten, sondern um den Senior gegangen. Ihn wollten mehrere Aktive schon seit einiger Zeit seines Amtes entheben und benutzten nun diesen Vorgang, um ihn zu schassen.

Nachdem der Senior dimittiert worden war, erhob sich Quedlin und ersuchte um seine eigene Dimission, mit der Begründung, daß er es als Beleidigung empfinden würde, wenn er nicht ebenso wie der Senior bestraft werden würde. – So ging auch er seiner Charge verlustig.

Diese meiner Meinung nach echt corpsstudentische Haltung ehrte Quedlin. Es war jedoch zu bezweifeln, daß diejenigen, die gegen ihn gestimmt hatten, eine Haltung würdigen konnten, die ihnen selbst offenbar fremd war.

So, wie ich meinen Leibfuchsen kannte, konnte es mit dessen Randaliererei nicht sonderlich schlimm gewesen sein. Gewiß, Peter konnte auch „fürchterlich“ feiern, doch wenn damit Schluß war, arbeitete er andauernd. So schrieb er mir eines Tages aus Hamburg: „Wenn man erst einmal ein Stück vom Umhang der Justitia ergriffen hat, soll man es nicht mehr loslassen.“ Ironisch setzte er hinzu: „Eine Nierendurchspülung fehlt mir schon, doch für sie habe ich keine Zeit. Das Arbeitstempo hier hat mir tatsächlich den Atem verschlagen.“

Es war also nicht von ungefähr, daß er durch Fleiß und Zielstrebigkeit am Ende seines Berufslebens auf die den Präsidenten vorbehaltene Leitungsebene gelangt war.

Auch in anderer Hinsicht war einiges zumindest merkwürdig. Nachdem Quedlin eine Partie über die üblichen dreißig Gänge ausgepaukt hatte, wurde ihm mitgeteilt, daß sie technisch nicht zog und daher nicht gezählt wurde.

„Wie war denn das möglich, was war da vor sich gegangen?“ fragte ich mich. War der Mensurconvent einschließlich des Conseniors unfähig, die ungenügende Technik eines Paukanten nicht schon während der Partie, sondern erst hinterher zu erkennen? Mir drängte sich der Gedanke auf, daß man Quedlin hatte stehenlassen, damit er noch „einen fing“. – Bald darauf schlug dieser seine vierte ziehende Pflichtpartie und hatte damit eine wichtige Voraussetzung für seine Inaktivierung erfüllt.

Da fiel mir unvermittelt der kleine Beta-Dalk ein. Dieser hatte nur seine beiden Fuchsenpartien geschlagen und hätte daher gar nicht inaktiviert werden dürfen. Es ging dann doch, weil er dem CC versprochen hatte, die ihm fehlenden Partien nachzufechten, sobald es ihm sein Gesundheitszustand erlaubte. Ob er je damit gehadert hatte, daß dies nie der Fall war? – Doch warum sich Unerquickliches vergegenwärtigen, wenn es sich an soviel Schönes zu erinnern gab!

Vereinbarungsgemäß traf sich die Leibfamilie zum Faschingsball in München. Er wurde traditionell an einem Montag gefeiert. Ich wollte schon einige Tage früher anreisen, um mir ein schönes Wochenende zu machen. Ich fuhr jedoch nicht erst, wie ursprünglich geplant, am Freitag, sondern bereits einen Tag früher. Ich wollte bei einem halben Dutzend Partien dabei sein, die um sieben Uhr morgens stiegen.

Mit bloßem Zuschauen begnügte ich mich allerdings nicht. Da auch mein Leibfuchs antrat, schleppte ich diesen und dann Coni, der ebenfalls auf Partie stand. Ihre Partien zogen ebenso wie die der anderen Corpsbrüder.

Am Abend dieses Tages hielt ich auf dem Haus einen Diavortrag über eine kunsthistorische Studienreise in die Türkei, die ich nach Abschluß des letzten Semesters von München aus unternommen hatte. Nachdem über ihn diskutiert und danach noch Dias aus dem Aktivenleben gezeigt worden waren, saß man noch beisammen.

Die Sippschaft war inzwischen betrunken. Bis sie gegangen war, spielte ich mit Quedlin und einem weiteren Corpsbruder Skat. Danach unterhielten wir uns so lange, daß ich zu gewohnter Münchner Zeit, d. h. erst um halb vier Uhr, im Bett war.

Tags darauf verzichtete ich auf das Mittagessen, weil ich spät gefrühstückt hatte. Statt dessen zog ich mit Quedlin ins Münchner Stadtmuseum zu einer Aktphoto-Ausstellung, die ich gegenüber diesem, der sie bereits gesehen hatte, als „tatsächlich ganz ordentlich“ befand. Nach einem gemeinsamen Abendessen wurde nur noch ein Bier getrunken, bevor man sich zur Ruhe begab, allerdings wiederum erst zu der Zeit wie am Vortag.

Am Sonntagabend erlebte ich den ersten Höhepunkt meines diesmaligen Münchner Aufenthaltes, eine ausgezeichnete Aufführung der Goldoni-Komödie „Mirandolina“ im Cuvilliéstheater. Mich erheiterte nicht nur sie selbst, sondern auch die Reaktion Quedlins. Obwohl auch diesem das Stück gefallen hatte, hatte er sich – so gut wurde die Hauptrolle gespielt! – so geärgert, daß er fast zum Misogyn geworden wäre.

Als wir nach dem einen oder anderen Viertel in der Stadt den schönen Abend bei einer Flasche Sekt auf dem Haus beschlossen, ereiferte sich Quedlin immer noch. Mirandolina hatte den Weiberfeind so lange umgarnt, bis er sich in sie verliebte, und ihn dann abblitzen lassen. Mit Blick auf dessen Einstellung gegenüber den Frauen stieß Quedlin mehrmals hervor: „Er hat doch recht! Er hat doch recht!"

An diesem Abend – oder Morgen – zog ich mich etwas früher zurück, nämlich schon um ein Viertel vor drei in der Frühe. Ich konnte ja ausschlafen.

Der nächste Tag begann mit dem Mittagessen. Da Quedlin des öfteren in einem Gasthaus in der Nähe seiner Bude aß, war er dort bekannt. Das war wohl der Grund, daß uns ein solch riesiges Filetsteak mit Beilagen serviert wurde, daß wir uns nach dem opulenten Mahl, noch vor dem Verdauungsschläfchen, unbedingt Bewegung verschaffen mußten.

Da gab es für mich den zweiten Höhepunkt. Es hatte fast zwei Tage und Nächte lang geschneit. Als ich jetzt bei strahlendem Sonnenschein stundenlang durch den herrlich verschneiten Englischen Garten spazierte, glitzerte und funkelte der Neuschnee nur so. Es war wirklich „ganz phantastisch", wie ich mich erinnere.

Nur wenige Stunden später folgte der dritte Höhepunkt, der SC-Ball. Obwohl die Dekoration wie sonst war, wirkte sie auf mich nicht mehr so glänzend wie in den beiden Wintersemestern meiner Aktivenzeit. Doch als die ausgewählten Paare zur Polonaise antraten, war alles so wie früher. Meine glänzende Laune war einfach nicht mehr zu überbieten. Das war eine rauschende Ballnacht ganz nach meinem Geschmack.

Die Couleurdame, die der Consenior für mich eingeladen hatte, konnte ich nicht betanzen. Er hatte sie einem gerade accipierten Fuchsen zugeteilt – eine Maßnahme, für die ich volles Verständnis hatte. Im übrigen war ich ja nicht wegen einer – mir unbekannten – Balldame gekommen, sondern um mich an dem Fest mit seiner besonderen Atmosphäre zu erfreuen. Außerdem konnte ich jetzt ungehindert von Blüte zu Blüte schwirren.

Zu diesen gehörte Frau Zecher nicht. Ich erinnere mich, mit ihr und ihrem Mann in glänzendster Stimmung nur ein Glas Sekt getrunken zu haben, war mir allerdings nicht sicher, ob ich auch mit ihr getanzt hatte. Da sie wegen ihres netten Wesens recht beliebt war und da die Stimmung hochging, kam es zu einer allgemeinen Duzerei. Auch wenn ich mich daran – wie in anderen Fällen auch – als einer der wenigen nicht beteiligte, war Frau Zecher der Moment des Feierns haftengeblieben.

Daher erinnerte sie sich noch, als ihr Jahre später mein Vater auf einem Couleurfest begegnete. Schon stark in Stimmung – sie hatte vor drei Wochen einen Sohn bekommen – fragte sie ihn sogleich nach mir. Mein Vater erzählte ihr dann so einige Sachen, und sie fing an zu schwärmen. Als sie meinte, ich solle man nicht so schnell heiraten, blockte mein Vater ihre immer „blumiger" werdenden Worte ab: „Ich soll Ihnen von meinem Sohn einen Gruß bestellen."

„Wieso denn, er weiß doch gar nicht, daß ich hier bin!"

„Einen Augenblick, bitte", sagte mein Vater, entfernte sich kurz, kam gleich darauf mit einer Schachtel Pralinen zurück und sagte: „Einen schönen Gruß von meinem Sohn. Er hat mich gebeten, diese, die nach seinen Worten eigentlich ‚ma chérie' heißen müßten, der schönsten Dame des Abends zu überreichen, was ich hiermit tue."

Nachdem allgemein geklatscht worden war, sollte der Karton gleich geöffnet werden, doch Frau Zecher rief: „Der ist allein für mich", und packte ihn sofort weg.

Dies war eine erheblich verspätete Nachwirkung der Ballnacht. Als diese damals um vier Uhr morgens endete, ging ich aufs Haus und feierte dort den Ausklang, bis ich mich für die Rückfahrt umzog. Ohne geschlafen zu haben, begab ich mich zum Bahnhof und fuhr zurück. Sehr schöne Tage waren zu Ende.

Bald darauf, gegen Ende seines dritten Couleursemesters, beantragte Quedlin offiziell seine Beurlaubung nach Hamburg. Dagegen wandte sich ein älterer Inaktiver, der trotz seiner jungen Jahre auf mich schon früher ungewöhnlich verknöchert gewirkt hatte. Lauthals tönte der nicht nur von Konsequenzen, die zu ziehen seien, sondern er drohte Quedlin die Dimission i. p. an, obwohl diesem das Recht einer Beurlaubung satzungsgemäß zustand.

Sofort sprang ich meinem Leibfuchsen bei. Dessen Studium ging vor. Ich schickte ihm einen Antragsentwurf für seine Beurlaubung, die ja nichts anderes war als eine De-facto-Inaktivierung. Quedlin übernahm ihn fast unverändert. Der ZC nahm seinen Antrag mit großer Mehrheit an.

Diesem ZC hatte ich mehrere Vorschläge unterbreitet, durch die Kontakte zwischen dem aktiven Corps und den ortsabwesenden Inaktiven nicht verbessert, sondern überhaupt erst hergestellt werden sollten. Sie wurden allesamt verworfen.

Einer meiner Anträge war „unter Vertagung abgelehnt" worden, obwohl er nur entweder angenommen, abgelehnt oder bis zur Entscheidung vertagt werden konnte. Daher war diese Formulierung so töricht, daß sie mir als symptomatisch für die Behandlung meiner Anträge erschien. Sie ließ erkennen, daß es offensichtlich zwecklos war, konstruktive Anregungen zu geben.

Genaueres erfuhr ich, als mir der Verlauf des Schluß-ZC, auf dem meine Anträge behandelt worden waren, geschildert wurde. Er übertraf bei weitem alles, was selbst älteste Inaktive je erlebt hatten. Mir hätten, wie mir Coni schrieb, die Haare zu Berge gestanden, wenn ich dabei gewesen wäre. – „Sicherlich nicht, wäre ich anwesend gewesen", knurrte ich, nachdem ich den Sachverhalt erfahren hatte.

Folgendes hatte sich zugetragen: Das „bemooste Haupt" iaCB Zecher hatte endlich sein Examen abgelegt. Aus diesem Grunde hatte er ein großes Faß Bier gestiftet. Dies wäre, weil es aus einem solchen Anlaß nicht unüblich war, nicht erwähnenswert gewesen; bemerkenswert waren nur die Umstände, unter denen sich alles abgespielt hatte. Das Faß wurde nicht, wie es gebräuchlich und angebracht war, auf der Semesterabschlußkneipe geleert, sondern auf dem Schluß-ZC. Auf dem ging es gleich hoch her. Einige konsumierten bis zum eher feuchten als fröhlichen Ende gegen drei Uhr morgens bis zu zwölf Halbe.

Es war mir schleierhaft, wie der Senior das hatte zulassen können. Ich selbst hätte den Genuß des Examensbieres erst nach Beendigung des ZC geduldet (was dessen Ablauf erheblich beschleunigt hätte!).

Auf mich hatte Zecher – aufs Ganze gesehen – anfänglich einen recht guten Eindruck gemacht. In seiner freimütigen Art unterschied er sich positiv von der hinterhältig-intriganten Art der „Sippschaft".

Von allen, die während meiner Aktivenzeit als Fuchsmajor tätig gewesen waren, war Zecher der einzige gewesen, der den Füchsen etwas Comment und gesellschaftlichen Schliff beigebracht hatte. Um so bedauerlicher war es, daß sich sein Verhalten zum Negativen hin verändert hatte. Das hatte allerdings seinen Grund.

Sein Berufswunsch war es gewesen, Offizier zu werden, und er wäre wegen seines offenen Wesens m. E. ein guter „Troupier" geworden. Doch da sein Vater eine Kleintierpraxis hatte, die der Sohn übernehmen sollte, zwang er diesen, Tiermedizin zu studieren und außerdem aktiv zu werden, weil er selbst Alter Herr war. – Welch eine Aussicht, ein ganzes Berufsleben lang Hündchen und Kätzchen die Pfötchen verbinden zu müssen!

Unter diesen Umständen wollte Zecher wenigstens sein Studium so intensiv wie möglich genießen. Und das tat er! Von dem monatlichen väterlichen Wechsel beglich er zunächst seine Schulden des Vormonats, und den Rest brachte er auf die bisherige Weise durch, wobei er sich stets von dem Motto „Wein, Weib, Gesang" leiten ließ.

Der – nicht zuletzt durch pekuniär bedingte reduzierte Aufnahme fester Nahrung – schlanke, nichtsdestoweniger sehr stattlich wirkende Mann glich, blond und blauäugig, wie er war, einem „nordischen" Typ. Er war in keiner Beziehung ein Kostverächter. Doch so viele ihn auch einfangen wollten, es gelang keiner. Oder doch? Einmal sah es danach aus.

Eines Tages war er mit einer Kommilitonin, die wie er Tiermedizin studierte, verlobt. Allerdings nicht lange. Er hatte sich mit dem Hinweis aus ihren Banden lösen können, daß er nicht der einzige gewesen sei, von dem sie sich während ihrer Empfängniszeit hatte „verwöhnen" lassen. Vor mehr als einem halben Jahrhundert konnte keineswegs immer zweifelsfrei feststellt werden, wer denn nun der wirklich Verantwortliche für ihren Zustand war.

Im Grunde genommen, hat er mir immer leid getan. Während ich mein Lieblingsfach studierte und mich darauf freute, das Erlernte in meinem Berufsleben konstruktiv, d. h. durch wohlfundierte Publikationen, umsetzen zu können, mußten ihm seine eigenen Berufsaussichten deprimierend erscheinen. – Wie es ihm in seinem weiteren Leben ergangen nicht, entzieht sich meiner Kenntnis, bis auf die irgendwo gehörte Mitteilung, daß er angeblich die Tochter eines Bierbrauermeisters geheiratet habe. Genaueres über ihn hörte ich das letzte Mal wegen der Begebenheiten auf dem Schluß-ZC, auf dem das von ihm anläßlich seines Examens gestiftete Faß geleert wurde.

Schon als ich – noch ohne Näheres zu wissen – die merkwürdige „Begründung“ für die Ablehnung meiner Anträge gehört hatte, hatte ich vermutet, daß sie nicht nüchtern geäußert worden war. Nun hatte sich meine Annahme bestätigt. Den Vorschlag des neugewählten Conseniors, einen neuen Antrag zu stellen, hielt ich für Zeitverschwendung und damit für überflüssig.

Während meiner beiden letzten Monate in Leinestadt wurde ich von einem nahegelegenen Kartellcorps zum SC-Ball eingeladen. Dieser entpuppte sich für mich als einen in dieser Hinsicht sehr Verwöhnten als ein ganz gewöhnliches Tanzfest. Verglichen mit dem prachtvollen Münchner SC-Ball wirkte er wie ein Kindergeburtstag neben einer Hochzeit: nett und harmlos.

Auf diesem Fest tanzte ich nicht nur, sondern ich lernte auch eine norddeutsche Trinksitte kennen. An dem Tisch, an dem ich mit drei älteren Inaktiven – oder ganz jungen Alten Herren – und deren Verlobten saß, wurde mir das Lüttje-Lage-Trinken gezeigt. Ein ziemlich kleines Glas leichten Bieres wird beim Trinken so gefaßt, daß der hochprozentige „klare“ Inhalt eines mit dem vierten und fünften Finger der Rechten gehaltenen Schnapsglases während des Trinkens in das größere Glas fließt und sich mit ihm mischt.

Während des Festes ließ ich zur Illustration des glanzvollen Münchner SC-Balles mehrere Fotos herumgehen. Mit ihnen begeisterte ich einen der Kartellcorpsbrüder, Beppo, so, daß man – dieser oder ich selbst oder wir beide zusammen, wer wußte es anschließend noch genau? – darauf verfiel, an ihm teilzunehmen. Da auch dessen „heimliche“ Verlobte diesem Gedanken nicht abgeneigt war, wurde die Fahrt vereinbart.

Sie begann damit, daß ich von den beiden anderen morgens abgeholt wurde und sie vor der Weiterfahrt mit einem kleinen Frühstück versorgte. Damit die Pasteten und die Brötchen nicht zu trocken schmeckten, gab es ein wenig Sekt. Unterwegs wurde eine Pause eingelegt, um Beppos Bruder zu besuchen und bei ihm Kaffee zu trinken.

Nach unserer abendlichen Ankunft im bereits dunklen München setzten wir zunächst Beppos Dame bei ihrer Freundin ab, fuhren aufs Haus, um für uns selbst Quartier zu machen, und kehrten anschließend zu den Damen zurück. Die Unterhaltung war so angeregt, daß sie erst um halb vier Uhr morgens endete.

Nach kurzer Nachtruhe holten Beppo und ich die beiden Schönen ab. Als erstes wollten wir uns Theaterkarten kaufen, was uns jedoch nicht gelang. Entweder waren die Vorstellungen ausverkauft oder die Plätze waren zu ungünstig.

Daher fuhren wir nach einem Bummel durch die Innenstadt an den Tegernsee. Nach einem sonnigen Tag, an dem es uns der Föhn – mitten im Winter – ermöglichte, uns auf den mitgeführten Luftmatratzen ausgiebig zu sonnen, kehrten wir nach München zurück. Da wir dem Naturerlebnis kein kulturelles folgen lassen konnten, tafelten wir ausgiebig und brachen dann zu einem Zug durch mehrere Lokale auf. Er klang auf dem Haus aus – bei einem Bier, weil der Sektkeller verschlossen war. Daran lag es vielleicht, daß der „Tag" eine Stunde früher als der vorherige endete.

Die Festlichkeit am Abend des nächsten Tages, um derentwillen wir angereist waren, erfüllte die in sie gesetzten Erwartungen völlig. Meine Balldame war zwar nicht ganz mein Typ, aber sonst fand ich sie recht nett. Sie ging schon um halb zwei, weil sie wenigstens ein paar Stunden vor Arbeitsbeginn schlafen wollte. Das hinderte jedoch weder die anderen noch mich, bis zum Ballende um vier Uhr früh zu bleiben und danach auf dem Haus mit Sekt weiterzumachen.

Den Ball bezeichnete Beppo als ein so „wahres Erlebnis", daß sie noch lange an es zurückdenken würden. Im nächsten Jahr wollten sie wieder an ihm teilnehmen. Bevor wir in diesem Jahr zurückfuhren, verabschiedete ich mich von meiner Dame auf commentmäßige Weise mit einem Blumenstrauß, den ich ihr in eine Vase stellte, als wir Beppos Dame in deren Wohnung abholten.

„Wie gegensätzlich man sich doch verhalten kann", dachte ich, als ich diese Fahrt von Nord- nach Süddeutschland mit derjenigen verglich, die ungefähr ein halbes Jahr zuvor in die entgegengesetzte Richtung geführt hätte, wenn sie zustande gekommen wäre.

Der Ausgangspunkt war der gleiche gewesen, nämlich die Teilnahme an einem nicht alltäglichen Fest. Der Gedanke, an einer ungewöhnlichen Spritztour teilzunehmen, deren Höhepunkt eine rauschende Ballnacht sein würde, gefiel allgemein. Alle waren Feuer und Flamme. Doch während die norddeutschen Corpsbrüder ihre Absicht verwirklichten, taten es die süddeutschen nicht.

Zunächst hatte es danach ausgesehen, als ob diese den Weg in den Norden finden würden. Ich entwarf ein Begleitprogramm, das in der Woche nach dem Fest durchgeführt werden sollte. Für die süddeutschen Corpsbrüder, von denen der eine oder andere noch nie über die Main-Linie hinausgekommen war, sollte sich die Reise in den hohen Norden lohnen.

Als mögliche Ziele kamen eine Fahrt mit einem Seebäderschiff von Hamburg nach Helgoland und eine mit dem Auto zum Skagerrak und nach Kopenhagen in Betracht. Die Rückkehr konnte in der Rum-Stadt unterbrochen werden, um von ihr aus die Flensburger Förde an Bord eines „Whisky-Dampfers“ zu durchfurchen.

Mit diesen Vorschlägen sei er vollkommen einverstanden, antwortete Coni. Um kommen zu können, habe er schweren Herzens einen Reitkurs abgesagt. Nachdem sich herumgesprochen habe, daß er „hochdonnern“ wolle, hätten einige derjenigen, die an seinem Weg nach Norden wohnten, gewünscht, daß er seine Fahrt unterbreche und bei ihnen vorbeischaue. Einige andere wollten ihn sogar begleiten und mitfeiern.

Doch dann kam alles anders. Zwei Tage vor dem Fest erreichte mich die Absage Conis. Nachdem ihm alle anderen nacheinander mitgeteilt hätten, daß sie nicht mitfahren könnten, wolle auch er nicht mehr kommen. Dies falle ihm nicht leicht, doch er habe keine Lust mehr, allein mit einem Kleinwagen tausend Kilometer durch die Gegend zu gondeln.

„Nun, wenigstens ehrlich“, dachte ich. Da das Vergangene nicht zu ändern war, ließ ich Coni nur noch wissen, welche mißliche Lage durch die so überraschende und – vor allem – so überaus kurzfristige Absage entstanden war. Wegen der festen Zusagen waren Balldamen eingeladen worden, denen unmittelbar vor dem Fest nicht mehr abgesagt werden konnte.

Ohne darauf einzugehen, wie dieses Problem gelöst worden war, erwähnte ich nur noch etwas, durch das ich auch unmittelbar betroffen gewesen war. Der Mentor, bei dem ich während meines erst kurz zurückliegenden Praktikums hospitiert hatte, unternahm mit seiner Klasse eine Fahrt nach Belgien und Luxemburg. Er hatte mir angeboten, als Begleitperson mitzureisen.

Bedauernd hatte ich abgesagt, weil ich nicht erst Einladungen aussprechen und dann, wenn meine Gäste kamen, verreist sein konnte. Dies wäre mir noch möglich gewesen, wenn ich nur achtundvierzig Stunden vorher gewußt hätte, daß sich niemand einstellen würde. –

Die nächste Gelegenheit, sich zu treffen, wäre beim Münchner Faschingsball gegeben gewesen, doch auch auf ihm begegnete man sich nicht. Die Vorbereitungen auf ein Zwischenexamen verwehrten es Coni, Fasching zu feiern.

Dafür hatte ich volles Verständnis. Voraussichtlich hatte ich diesen Ball – obwohl mir wiederum alles gefallen hatte – zum letzten Mal mitgefeiert. Selbst wegen eines solchen Anlasses würde ich die Arbeit an meiner Dissertation nicht unterbrechen.

Und die drei „tollen Tage" in Norddeutschland? Am Rosenmontag arbeitete ich zehn Stunden, an Fastnacht nicht viel weniger. Erst an meinem Geburtstag feierte ich wieder. Dieser verlief mit Sektfrühstück, Theaterbesuch und Klassiker-Lektüre bei einem guten Tropfen ähnlich wie der vorherige.

Meinen nach wie vor weitgehend unberührten Weinbestand verkleinerte ich ein wenig, als ich am Abend vor meiner Abreise aus Leinestadt einen ehemaligen Jahrgangskameraden aus der Schulzeit einlud. Tags darauf exmatrikulierte ich mich. Die universitäre „Mittelstrecke" war beendet. Nachdem ich in der schönen häuslichen Atmosphäre alles gedanklich nachbereitet und mich gut erholt hatte, wurde es wieder ernst.

Die Endsemester

Letzte Seminararbeiten, Doktoranden-Kolloquien

Wieder einmal ging es in der neuen Universitätsstadt zunächst darum, eine Unterkunft zu finden. Dies gelang bald, weil für mich mein Vetter Georg, der mit seiner Familie zufällig hier wohnte, schon vor meiner Ankunft nach einer gesucht hatte.

In der Bude, die sich in einem vollausgebauten Dachboden befand, gab es zwar eine Schlafcouch und zwei Sessel, jedoch keine Stühle. Der nur kniehohe Tisch wackelte, sobald die Schreibmaschine betätigt wurde. Außerdem fehlte eine Tischlampe. Ansonsten reichte die Möblierung mit einem Schrank und einer Kommode aus, zumal da ein Waschbecken im Zimmer vorhanden war. „Immerhin etwas", dachte ich in Erinnerung daran, daß es in meiner ersten Bude nur ein Lavabo gegeben hatte. „Wegen der hier herrschenden Zimmerknappheit muß ich mich damit zufriedengeben, wenigstens diese Bleibe gefunden zu haben."

Erheblich mehr störte mich der vier Kilometer lange Hin- und Rückweg zur Universität, nicht etwa wegen der Strecke, sondern wegen des zeitlichen Aufwandes. Für die Fußmärsche hin und zurück benötigte ich jeweils eine dreiviertel Stunde. Sie waren unvermeidbar, weil es in meiner Nähe keine öffentlichen Verkehrsmittel gab, mit denen ich die Uni schnell erreichen konnte. Daher ging ich morgens zu ihr und kehrte erst abends zurück. Ich wollte „zwischendurch" nicht hin- und herpendeln, um den Zeitverlust möglichst gering zu halten.

Meine Verwandten halfen mir, indem sie mir ein altes Fahrrad liehen. Dennoch bemühte ich mich sofort – und erfolgreich – darum, zu Beginn des nächsten Semesters in ein Studentenwohnheim ziehen zu können.

Nachdem ich mich so gut wie möglich eingerichtet hatte, immatrikulierte ich mich und belegte Vorlesungen und Seminarübungen. Rasch gewann ich den Eindruck, in den Seminaren der einzelnen Institute gut arbeiten zu können, weil sie nicht nur großzügig angelegt, sondern auch, weil die wissenschaftlichen Beamten und die Angestellten höflich und zuvorkommend waren.

Die Fachbibliothek des Historischen Seminars befand sich in einem ungewöhnlich langgestreckten Raum, den man nur von einem Ende her betreten konnte. In dessen Mitte gab es zwar eine Tür, doch diese war verschlossen und konnte nur von Schlüsselinhabern geöffnet werden.

Zu diesen gehörten die studentischen Hilfskräfte, die mir nicht nur wegen ihrer Anzahl, sondern auch wegen ihres Gebarens sogleich auffielen. Obwohl sie sich auf der untersten Stufe der universitären Hierarchie – sozusagen im Souterrain der Alma mater – befanden, schienen sie sich für etwas Besonderes zu halten. Wegen eines vertraglich geregelten Arbeitsverhältnisses meinten sie offenbar, „mehr" als alle anderen Studenten zu sein.

Dies zeigte sich an gewissen Äußerlichkeiten. Wenn einer von ihnen die Tür zum Seminarraum aufschloß, geschah dies oft mit so gewaltigem Schlüsselgerassel, daß es von niemandem überhört werden konnte.

Wenn vor Beginn einer Vorlesung etwas vorzubereiten war, wie das Aufhängen einer großen Landkarte oder der Aufbau eines Projektionsgerätes, schwärmte gleich ein ganzer Pulk von ihnen in den Hörsaal, um diese Hilfstätigkeit zu verrichten. – Mochten sich diese Zuarbeiter verhalten, wie sie wollten: Sie waren mir gleichgültig, weil ich mit ihnen nichts zu schaffen hatte.

Zu Semesterbeginn veranstaltete die Universität Einführungsabende für Studienanfänger und Hörer aller Fakultäten. Den einleitenden Darlegungen des Rektors folgten grundsätzliche Ausführungen eines anderen Professors über Universität und Studium. Längere Passagen dieses Vortrages waren nach meiner Meinung für Studienanfänger zu hoch, weil sie sich recht ausführlich auf Schleiermacher, Fichte und Humboldt bezogen.

Mit diesen geistigen Begründern der Berliner Universität 1810 hatte ich mich bei meinen Vorbereitungen auf das Pädagogikum beschäftigt. Daher war für jemanden wie mich, der über das Thema Bescheid wußte, alles ganz klar; doch Anfänger hatten ziemliche Verständnisschwierigkeiten. So wunderte ich mich nicht, daß gegen Ende des Vortrages gut zwei Dutzend Studenten den Saal verließen.

An der feierlichen Immatrikulation nahm ich allerdings nicht teil, weil ich mich für die Sitzung des historischen Hauptseminars am Abend dieses Tages vorbereitete. Gleich bei meiner Rückmeldung hatte mir mein Doktorvater ein Kurzreferat zugeteilt, das ich jetzt zu halten hatte. So interessant das Thema auch war – mir paßte der Zeitpunkt nicht, weil ich einen großen Teil der Woche mit der Vorbereitung hierfür zugebracht und deswegen wenig Zeit für die Fertigstellung der Soziologiearbeit gehabt hatte.

Dies war mißlich, weil es mir zunächst vor allem darum ging, die noch erforderlichen Scheine für dieses Fach zu erwerben. Dennoch war ich etwas versöhnt, als mich die Assistentin Rudolphs nach Beendigung des Hauptseminars zur Teilnahme am sich unmittelbar anschließenden Kolloquium, dem Oberseminar, einlud.

Es stellte die oberste Stufe im Aufbau des Seminarwesens dar. In ihm trafen sich mehrere Ordinarien für Geschichte mit ihren Doktoranden. In jeder Sitzung berichtete einer von diesen über seine Forschungsarbeit, über die anschließend diskutiert wurde. Da mittelalterliche und neuzeitliche Themen gleichermaßen behandelt wurden, waren die Sitzungen durchweg wissenserweiternd.

Bald nach der ersten Sitzung des Oberseminars hielt ich mein Referat im soziologischen Seminar. Anschließend erlebte ich etwas Ungewohntes. Den Schein für meine Arbeit wollte mir der Privatdozent, der das Seminar leitete, nämlich nicht geben. Sie genügte ihm nicht. Vor allem bemängelte er, daß sie nicht genügend durchstrukturiert worden war. Es ging dem Privatdozenten um das Zitieren. Formal war dieses einwandfrei, weil jedes Zitat deutlich gekennzeichnet und die Fundstelle genau angegeben worden war. Er kritisierte jedoch, daß sich die Arbeit zu sehr auf Zitate stützte.

Als ich mich hieran jetzt, rückblickend, erinnerte, begann ich zu schmunzeln. Was wäre gewesen, wenn ich damals anders vorgegangen wäre? Wenn ich die Zitate nicht als solche kenntlich gemacht, sondern sie alle einfach als „eigenen“ Text gebracht hätte – so, wie es in etlichen, inzwischen öffentlich bekanntgewordenen Plagiatsfällen ständig praktiziert worden war? – Vermutlich hätte der Privatdozent nichts bemerkt, weil alle diese Stellen schlüssig aufeinanderfolgten, und ahnungslos hätte er die Arbeit günstig beurteilt.

Das war sogar bedingt jetzt noch der Fall. Daher wirkte, auch wenn er nur ihren ersten Teil als gut bezeichnet hatte, seine Bemerkung eigentümlich, wenn nicht gar widersprüchlich, daß das Thema verfehlt worden sei. Außerdem wirkte es auf mich irritierend, daß Dinge bemängelt wurden, die bei anderen meiner Arbeiten positiv bewertet worden waren.

War es mir bereits sonderbar erschienen, daß der Privatdozent sogar genau ausgezählt hatte, zu wieviel Prozent die Arbeit aus Zitaten bestand, so berührte mich etwas anderes noch merkwürdiger. Der hatte nämlich gemeint, es wäre zweckmäßig gewesen, wenn er meine Arbeit während ihres Entstehens mit mir besprochen hätte. Nanu!

Ich stutzte. Hatte sich der Privatdozent nicht genügend hofiert gefühlt? – Sachlich gesehen, war ein derartiges Verfahren jedenfalls so ungewöhnlich, daß ich auf so etwas gar nicht gekommen war. Üblicherweise wurden alle Seminararbeiten nach ihrer Vorlage von den akademischen Lehrern schriftlich bewertet, in Einzelfällen auch noch mündlich besprochen. Hier hatte es sich doch nur um eine gewöhnliche Semesterarbeit, nicht um eine umfangreiche wissenschaftliche Abhandlung gehandelt.

Abschließend bot mir der Privatdozent an, eine Hausarbeit anzufertigen, falls ich den Schein unbedingt brauche. Darauf legte ich keinen Wert, weil ich die für sie benötigte Zeit für meine „richtige" Arbeit, die an meiner Dissertation, verwenden wollte.

Bereits gegen Semesterende ließ ich mir vom „Chef" des Privatdozenten ein Thema für das Hauptseminar geben. Der Ordinarius bewertete die ihm vorgelegte Arbeit mit „gut". – Mit Blick auf diese Gesamtnote betrachtete ich es als vorteilhaft, daß ich vom Privatdozenten nicht nur keinen mäßig bis schlecht benoteten, sondern gar keinen Schein erhalten hatte.

Das Semester endete damit, daß ich meinem Doktorvater auf dessen Frage, wie es mit meiner Arbeit gehe, tags darauf einen ersten kleinen Bericht vorlegte. Ich hoffte, das knappe halbe Dutzend einleitender Seiten bald, also noch vor Semesterende, mit Kritik zurückzuerhalten. In dieser Rückgabe sah ich den Beginn der wissenschaftlichen Betreuung meiner Arbeit.

Durch die regelmäßige Teilnahme an den Sitzungen des Oberseminars ergaben sich allmählich etliche Kontakte mit mehreren Condoktoranden und auch mit den beiden Assistenten Rudolphs, mit denen ich gut zurechtkam.

Man kam überein, sich demnächst in einem kleineren Kreis abends bei der Assistentin zusammenzusetzen. Außerdem wurde vorgeschlagen, dies auch einmal mit allen nach einer offiziellen Sitzung zu tun. Und – in der Tat! Die letzte Sitzung des Oberseminars in diesem Semester fand nicht in Räumen der Universität, sondern in einem hübschen Lokal in ihrer Nähe statt. Ich nahm an, daß dies – auch – auf meine Anregung hin geschehen war. Weit gefehlt!

Diese Veranstaltung hatte Professor Rudolph aus der Universität herausverlagert, weil er ein umfangreiches Programm abwickeln wollte. Dort hätte sie um 22.00 Uhr, allerspätestens nach einer zusätzlichen halben Stunde beendet sein müssen, so aber konnte er so lange tagen, bis er alles durchgezogen hatte. Er beendete die Sitzung eine dreiviertel Stunde vor Mitternacht. Daher war es nicht nur das Glas Bier, das zwischendurch getrunken werden durfte, das alle veranlaßte, nur noch für ein halbes Stündchen weiterzuziehen.

Wenn keine der vorgesehenen Räumlichkeiten für eine Sitzung des Oberseminars genutzt werden konnte, wurde privatissime getagt, d. h., Professor Rudolph lud zu sich nach Hause ein. Nachdem die Arbeitssitzung wie üblich nach vier Stunden beendet war, wurde ein Glas Wein gereicht. Während der nun folgenden lebhaften Gespräche unterhielt ich mich angeregt mit der Hausherrin.

Von der mißglückten Soziologiearbeit abgesehen, war das erste Semester an meiner neuen Alma mater zufriedenstellend verlaufen. Es endete auf angenehme Weise. Ich war einer der neun Gäste der Assistentin, die sowohl persönliche Bekannte als auch Doktoranden zu sich nach Hause eingeladen hatte.

Ich kam pünktlich um 20.30 Uhr. Da ich der erste war, zeigte sie mir ihre ganz neue Appartementwohnung. Von diesen Räumlichkeiten war ich so begeistert, daß ich ihr gestand: „Eine solche Wohnung ist mein Junggesellentraum, wenn ich das Studium beendet habe.“

Die Miete für alles – Wohn- und Schlafzimmer, Küche und Bad – lag nur drei Dutzend DM über der für die von mir bewohnten Bruchbude. Als ich dies hörte, konnte ich mich innerlich nur deswegen nicht entrüsten, weil ich durch das Kommen der übrigen Gäste abgelenkt wurde. – Daß der Abend mit vielen Fachsimpeleien und Diskussionen sowie dem vorzüglichen Wein nett verlief, ließ sich äußerlich daran erkennen, daß die Gäste erst um drei Uhr morgens aufbrachen.

Erfreulicherweise konnte ich gleich nach Semesterende meine schlechte Bude räumen und in ein Wohnheim ziehen. Das Zimmer war zwar recht spartanisch eingerichtet, war jedoch erheblich besser als das vorherige.

Hinter den beiden nebeneinanderliegenden Fenstern befanden sich der Schreibtisch und ein Fach für die Bettwäsche. Bemerkenswerterweise wurde sie vom Wohnheim gestellt. Gegenüber der Liegecouch stand eine Art Sessel. Es war ein Holzgestell, zwischen dessen oberer und unterer Querleiste eine feste Stoffbahn gespannt war. Man saß recht bequem, solange man sich aufrecht hielt. Lehnte man sich jedoch zurück, drückte man sich rasch das harte Querholz in den Rücken. Den hinteren Teil des Zimmers nahmen ein Schrank und eine durch eine Tür verdeckte Naßzelle ein, die ein Waschbecken enthielt.

In der Mitte jeder Etage gab es eine Teeküche und einen Kühlschrank, in dem jeder sein verschließbares Fach hatte. Außerdem befand sich auf ihr eine Dusche. Im Erdgeschoß konnte man sich aus einem Automaten sogar Bier holen. Alles in allem hatte sich meine Wohnsituation erheblich verbessert.

Zufrieden fuhr ich in die Semesterferien. Einen Teil meiner Zeit verwandte ich darauf, eine Wehrübung zu machen. Nicht nur bene mereri de patria, sondern auch, um die „Kriegskasse" aufzufüllen. Im übrigen verlebte ich im Elternhaus geruhsame Wochen, in denen ich immer wieder Verwandte und Bekannte besuchte.

Studentische Hilfskraft?

Gleich nach der Rückkehr an meinen Studienort ging ich in die Universität und wurde umgehend zu meinem Doktorvater bestellt. Dieser zeigte sich erfreut, mich noch vor seiner Abreise nach Oxford zu sehen, erkundigte sich kurz, wie die Wehrübung verlaufen sei, und fragte mich dann, wie ich mir meine weitere Arbeit vorstellte. Nachdem ich entsprechend geantwortet hatte, riet er mir, mich „reinzuknien". Dann fuhr er fort: „Nun eine banale Frage: Wieviel Geld erhalten Sie im Monat?"

Nachdem ich ihm den Betrag genannt hatte, meinte Rudolph: „Nun, das ist nicht viel." Dann murmelte er: „Ich will mal sehen – das habe ich ja schon einige Male gemacht – ich will das mal im Auge behalten."

Aus diesen Andeutungen, die wie ein Selbstgespräch klangen, meinte ich schließen zu können, daß Rudolph mir vielleicht eine Stelle als studentische Hilfskraft verschaffen wollte.

Diese zwar sehr vage, aber dennoch denkbare Möglichkeit beschäftigte mich außerordentlich. Wenn meine Annahme richtig war, bedeutete dies, daß ich wöchentlich zwanzig Stunden im Institut zu arbeiten hatte. Dafür würde ich monatlich 350,00 DM erhalten. Die spürbare Zeiteinbuße, die ich dann hinnehmen mußte, würde – voraussehbar! – die Erarbeitung meiner Dissertation erheblich verzögern. Das wollte ich auf gar keinen Fall.

Trotz dieses nur flüchtigen Eindruckes, der sich überdies als unzutreffend herausstellen konnte, nahm ich die Situation sehr ernst. Ich wollte sie daher möglichst vollständig durchdenken, um gegebenenfalls sofort angemessen reagieren zu können. Von Anfang an neigte ich dazu, ein solches Angebot – bisher ja nur eine bloße Vermutung meinerseits – abzulehnen.

Eine derartig wichtige Frage erörterte ich natürlich mit meinen Eltern. Diese waren, wie sie mir in dankenswerter Offenheit antworteten, „nicht gerade entzückt". Doch da die Angelegenheit wegen des Auslandssemesters Rudolphs nicht sofort zu entscheiden war, konnte abgewartet werden.

Schon bevor die Frage für mich selbst wichtig wurde, hatte ich aus allgemeinem Interesse mit einigen studentischen Hilfskräften darüber gesprochen, wie sie die zwanzig Wochenstunden in ihren Arbeitszeitplan einbauen und ob sie viel Zeit verlieren würden. Sie meinten, das sei gar nicht so schlimm. Sie hätten genausoviel Zeit wie vorher, weil sie sich diese so einteilten, daß sie schon um 8.00 Uhr morgens im Institut mit der Arbeit anfingen. Dies nahm ich ihnen nicht ganz ab.

Die Antwort hingegen, die ich bald nach meinem Gespräch mit Rudolph von einem Condoktoranden erhielt, war eindeutig. Dieser hatte mir, als ich ihn zufällig in der Mensa traf, einiges von dem gemeinsamen Doktorvater ausgerichtet.

Da ich diese Informationen in Ruhe aufnehmen wollte, suchte ich den

Kommilitonen einige Tage später noch einmal auf und ließ mir ausführlich berichten. Die Auskünfte bezogen sich hauptsächlich darauf, in welchen Archiven ich Material finden konnte. Dann lenkte ich das Gespräch auf das Thema „Hilfskraft", weil es mich weiterhin stark beschäftigte, obwohl zunächst nur abzuwarten war.

„Sie sind doch Hilfskraft bei Rudolph. Können Sie mir eine diesbezügliche Auskunft geben?"

„Gern."

„Zwar kann ich mich irren, doch meine ich, daß er mir vielleicht eine solche Stelle anbieten wird."

„Das braucht nicht zu sein. Ich nehme eher an, daß er Ihnen ein Stipendium offerieren will, wie es Doktoranden manchmal gewährt wird. So ein Forschungsstipendium ist mit keinen Nebenarbeiten verbunden, sondern dient eben dem Zweck, daß der selbständig Arbeitende die Mittel für sein Tun hat. Es beläuft sich für die Dauer von zwei Jahren angeblich auf vier- bis fünfhundert DM monatlich. – Andererseits ist natürlich auch Ihre Annahme möglich."

Er schwieg einen Augenblick und fuhr dann fort: „Ich rate Ihnen ebenso vertraulich wie dringend davon ab, die Stelle anzunehmen, falls sie Ihnen tatsächlich angeboten werden sollte. Ich schlage Ihnen vor, die Ablehnung so zu formulieren: Wegen Ihrer Arbeiten in mehreren Archiven seien sie öfter ortsabwesend. Ihr Vater würde es – wie Sie mir erzählt haben – gern sehen, wenn Sie bald fertig werden würden. Als ein bereits älterer Jahrgang wollen Sie endlich auf eigenen Füßen stehen. Auf keinen Fall aber" – er hob die Stimme – „sollten Sie sagen, daß es Ihnen zuviel Arbeit ist."

„Aufrichtigen Dank für Ihre guten Ratschläge! – Mich schreckt keine zusätzliche Arbeit, sondern einzig und allein der große Zeitverlust, den sie unausweichlich mit sich bringt. – Ich hoffe, daß die von Ihnen genannten guten Argumente Rudolph überzeugen werden, falls er nach seiner Rückkehr aus Oxford auf diesen Punkt zurückkommen sollte."

Dann fügte ich hinzu: „Der wertvollste Rat, den Sie mir gegeben haben, ist der, die Stelle nicht anzunehmen. Dazu neigte ich bereits selbst, doch freut es mich, meine Auffassung von jemandem bestätigt zu sehen, der die Dinge von innen kennt."

Der andere machte ein ziemlich finsteres Gesicht, als er sagte: „Ich habe Ihnen abgeraten, weil ich sie kenne!"

Als ich ihn fragend ansah, fuhr er auf: „Denken Sie nur nicht, daß Sie mit zwanzig Wochenstunden auskommen. Es können – oder werden sich wahrscheinlich – weitere zeitliche Belastungen für Sie ergeben."

Er sprach nicht weiter, sondern schien zu überlegen, ob er das, was ihm auf der Zunge lag, wirklich aussprechen sollte. Doch dann brach es aus ihm heraus, und er ließ, nur noch grimmig vom „Prof." sprechend, seinem Unmut freien Lauf.

„Ich besitze ein Auto. Neulich beauftragte mich der Prof., verschiedene Unterlagen, die er unversehens dringend benötigte, bei ihm zu Hause abzuholen. Dagegen war nichts einzuwenden, fiel es doch in meine Arbeitszeit.

Anderes gefiel mir dafür um so weniger. Seine Frau meinte nämlich, ich könnte gleich bei der Heißmangel vorbeifahren und ihre Wäsche abholen.

Ein anderes Beispiel: Vor einiger Zeit kam der Prof. von einer Tagung zurück. Sein Flugzeug landete um drei Uhr morgens. Er wollte von mir abgeholt und bis vor seine Haustür gebracht werden. Also machte ich mich mitten in der Nacht auf und fuhr die siebzig Kilometer zum Flughafen.

Von solchen Vorgängen, von denen ich Ihnen nur diese zwei genannt habe, steht natürlich nichts im Arbeitsvertrag. – Sind wir denn Dienstboten?! – Doch wegen der völligen Abhängigkeit vom Prof. kann man nichts dagegen machen. Was meinen Sie wohl, was man anderenfalls zu gewärtigen hätte?!"

Diese verbittert klingenden Worte ließen es mir geraten erscheinen, nach wie vor Distanz zu wahren und weiterhin nach dem Motto zu verfahren, nicht ungerufen zu meinem „Fürsten" zu gehen.

Unbeschadet dessen hielt ich es für angebracht, mich anderswo bekannt zu machen, nämlich bei den beiden Ordinarien, von denen ich mich im Rigorosum prüfen lassen wollte, sowie bei dem Zweitgutachter für meine Dissertation. Bei allen dreien hatte ich ein Hauptseminar belegt. – Die guten Noten, die ich dann mit meinen Arbeiten erzielte, bildeten eine solide Voraussetzung für die kommenden Prüfungen.

Meine Annahme, daß das Thema „Hilfskraft" bis auf weiteres ruhen würde, erwies sich bald als irrig. Als ich eines Tages auf dem Weg zur

Universitätsbibliothek war, begegnete mir Fräulein Schorf. Ich kannte sie wegen ihrer Teilnahme an den Sitzungen des Oberseminars. Wenn ich sie sah, unterdrückte ich regelmäßig ein leichtes Grinsen. Denn nachdem ich zufällig ihren Vornamen – Heide – erfahren hatte, nannte ich sie bei mir verballhornend Schorfheide. Traf man sich zufällig, blieb es bei einem höflichen Gruß im Vorübergehen.

Dieses Mal war es jedoch anders. Sie blieb stehen und sagte nach einigen unverbindlichen Worten über Wetter und Arbeit: „Ich werde mich bald zum Examen melden. Ich muß mich daher verstärkt auf die Prüfungsvorbereitungen konzentrieren. Ich kann meine Stelle nur noch zur Hälfte wahrnehmen. Wollen Sie nicht die andere Hälfte – zehn Wochenstunden – übernehmen?"

Das „Problem" Hilfskraft hatte ich bereits so sehr bis zur Entscheidung durchdacht, daß ich diesen Vorschlag sofort ablehnte. Zwar hätte ich zehn Arbeitsstunden pro Woche zusätzlich bewältigen können, doch bei diesen würde es, wie mir gleich klar war, nicht bleiben. Wenn die Examenskandidatin im übernächsten Semester auch die ihr verbliebene Hälfte aufgäbe, bliebe mir vermutlich nichts anderes übrig, als auch diese zu übernehmen. Welch ungünstigen Eindruck hätte es gemacht, wenn ich zwar die erste, jedoch nicht die zweite Hälfte übernommen hätte – sofern das überhaupt machbar gewesen wäre!

„Ich danke Ihnen für Ihren Tip, daß ich eine Hilfskraftstelle erhalten könnte. Deren Übernahme ist mir aus zeitlichen Gründen jedoch nicht möglich. Ich werde in einigen Wochen oder wenigen Monaten mit meinen Archivreisen beginnen. Wenn ich sie alle zeitlich überschlage, werden sie ungefähr ein Vierteljahr dauern. Die Zeit, die ich aus diesem Grunde für die Nacharbeitung meiner nicht abgeleisteten Arbeitsstunden als Hilfskraft benötigen würde, würde für mich einen so enormen Zeitverlust bedeuten, daß sich der Abschluß meines Studiums erheblich verzögern würde. Das kann und will ich mir nicht leisten."

Der Hinweis auf den großen Zeitverlust überzeugte die Kommilitonin ebenso wie die Assistentin meines Doktorvaters, die mir etwas später den gleichen Vorschlag machte. Diese fügte auf meine Ablehnung hinzu, sie bedauere es, daß ich nicht noch näher zum Institut gehöre. Das war nett gesagt und vielleicht sogar so gemeint, doch wichtig war mir kein freundliches Wort, sondern die Meinung meiner Eltern, die meine Ablehnung als richtig bezeichneten.

„Ist die Angelegenheit jetzt erledigt, oder wird Rudolph auf sie zu sprechen kommen?" fragte ich mich. „Falls ja, ist es ganz gut gewesen, daß mir die Stelle schon jetzt angeboten worden ist. Wenn er von meiner Ablehnung nach der Rückkehr aus seinem Forschungssemester erfährt, kann er sich durch sie nicht mehr brüskiert fühlen. Die durchaus denkbare Möglichkeit des Beleidigtseins ist nun nicht mehr gegeben."

Gelassen wartete ich ab, ob diese Frage schon abgeschlossen war oder doch noch nicht. Das würde sich erst zeigen, wenn Rudolph wieder anwesend wäre. Dieser ließ jedoch ein ganzes Semester verstreichen, bis er auf sie zurückkam. Nachdem ich ihn über den Fortgang der Arbeit informiert hatte, sagte er: „In einigen Monaten wird eine Hilfskraftstelle frei. Überlegen Sie es sich, ob Sie diese haben wollen."

„Jetzt gilt's", dachte ich und begann: „Herr Professor, ich danke Ihnen dafür, daß Sie mir diese Stelle verschaffen wollen, doch ich kann sie nicht annehmen. Ich vermute, daß ich für meine Archivreisen verhältnismäßig viel Zeit benötigen werde. Außerdem muß ich immer damit rechnen, zu einer Wehrübung einberufen zu werden. Mit Rücksicht auf meine Arbeit habe ich schon einmal abgelehnt und ..."

„Ist das denn möglich?" unterbrach mich Rudolph erstaunt.

„Ja, zwei-, allenfalls dreimal, doch immer geht es nicht."

Mochte Rudolph dies wirklich einsehen oder nur so tun – er nickte verständnisvoll.

„Mein Vater ist zwar pensioniert, doch er finanziert mir weiterhin mein Studium. Er möchte natürlich gern, daß ich bald fertig werde."

„Sie wohl auch!" warf Rudolph ein.

Nachdem ich dies kopfnickend bestätigt hatte, fuhr ich fort: „Mein Vater hat mir geschrieben, daß ich mir keine finanziellen Sorgen zu machen brauche, solange er lebe."

Dieses Argument zog dann endgültig. Mit der Bemerkung, daß er mir habe helfen wollen, beendete Rudolph die Erörterung des für mich so leidigen Themas.

Anschließend schnitt ich das Thema meiner Fächerkombination an. Nach der demnächst zu erwartenden neuen Promotionsordnung sollten Mittelalterliche und Neuere Geschichte zwei Prüfungsfächer werden. Demnach hätte ich vier.

„Nun“, sagte Rudolph, „Mittelalterliche Geschichte ist nicht so wichtig. Sie haben sie ja studiert und besitzen einen Überblick. – Welches sind Ihre weiteren Fächer?“

Ich nannte sie ihm. Von meinen mehrsemestrigen germanistischen Studien erwähnte ich nur soviel, daß ich sie zwar betrieben, dann aber doch aufgegeben habe.

„Auch ich habe mal Philosophie und Germanistik und noch einiges andere studiert. – Nun, um es kurz zu sagen: Ich bin gegen die Einheitskombination ‚Deutsch/Geschichte‘. Ihre Fächerauswahl sagt mir mehr zu.“

Als Rudolph dann noch erwähnte, daß er mit dem Philosophieprofessor, von dem ich mich prüfen lassen wollte, gut „könne“, endete das Gespräch gänzlich zufriedenstellend.

Dessen wichtigster Punkt hatte sich auf das Angebot der Hilfskraftstelle und seine Ablehnung bezogen. Über ihre Bedeutung war ich mir vollständig im klaren. Wohlüberlegt hatte ich es ausgeschlagen, den ersten möglichen Schritt zu einer akademischen Laufbahn zu tun.

Wenn ich sie angestrebt hätte, wäre sie auf der sogenannten Ochsentour erfolgt: studentische Hilfskraft, wissenschaftliche Hilfskraft/Assistent „mit der Verwaltung beauftragt“ (m. d. V. b.). Der Zusatz bedeutete, daß der Assistent noch nicht promoviert war. Er beinhaltete u. a., daß dieser mit siebenhundert Mark erst drei Viertel des Gehaltes eines promovierten Assistenten erhielt. – Nach der Promotion: Assistent, Habilitation, Privatdozentur, Ruf auf einen Lehrstuhl. – Ob alles so gelungen wäre, wie es theoretisch möglich war, war unerheblich, weil ich mich dagegen entschieden hatte.

Archivarbeit

Nun konnte ich meine Archivreisen durchführen, ohne befürchten zu müssen, durch irgend etwas Störendes behelligt zu werden. Mein Doktorvater hatte mir nicht nur wichtige Hinweise gegeben, in welchen Archiven ich Material finden konnte, sondern er hatte mich bei einigen von ihnen vorangekündigt oder mir eine Empfehlung mitgegeben. – Doch selbst jetzt hörte ich den Amtsschimmel wiehern. Ein entsprechendes Schreiben, das ich für ein privates Archiv erhalten hatte, genügte einem staatlichen Archiv nicht, weil es nicht an es adressiert war.

Während sich das Bundesarchiv – von seiner wissenschaftlich-fachlichen Betreuung bis hin zum Materiellen – immer sehr großzügig zeigte, verhielt sich dieses bei einem süddeutschen Staatsarchiv ganz anders. Für eine Kopie wurde das Doppelte dessen verlangt, was in Koblenz für sie in Rechnung gestellt wurde.

Die meisten Akten, die für meine Arbeit wichtig waren, wurden im Bundesarchiv verwahrt. Nach einem ersten Sondierungsgespräch verbrachte ich dort mehrere Male jeweils etliche Tage. Ein Archivbeamter des Höheren Dienstes fungierte als Mentor, an den ich mich stets in allen Fachfragen wenden konnte.

Auch wenn es wohl immer wieder geübte Praxis war, empfand ich etwas als besonders entgegenkommend: Die für mein Thema wichtigen Faszikel, deren Signaturen ich den Findbüchern im Bundesarchiv entnommen hatte, wurden mir an das Stadtarchiv meines Studienortes geschickt. Dies war möglich, weil sie dort feuer- und diebessicher verwahrt werden konnten.

Ein weiterer Vorteil ergab sich für mich daraus, daß der Direktor des Stadtarchives – ein sehr tüchtiger Archivar, der später eine Professur erhielt – noch Stunden nach Dienstschluß arbeitete. Er erlaubte mir, während der Zeit seiner Anwesenheit im Lesesaal die Akten durchzuarbeiten. So kam es, daß ich fünfundvierzig Wochenstunden im städtischen Archiv verbrachte und entsprechend schnell vorankam. Und da ich die Kosten für die Kopien, die ich aus den durchgesehenen Faszikeln bestellte, gleich nach Erhalt beglich, folgte eine neue Sendung unmittelbar darauf.

Beim Besuch weiterer Archive stellte ich fest, daß ihr Betrieb – keineswegs zum Vorteil für die Benutzer – nicht so straff wie im Bundesarchiv organisiert war. Es ging alles gemächlicher zu. Die täglichen Öffnungszeiten waren kürzer, und über Mittag war der Lesesaal eine Stunde oder länger ganz geschlossen.

Solche Gegebenheiten waren mir beim Besuch eines ausländischen Archivs besonders unangenehm aufgefallen. Konnte man im Bundesarchiv täglich zehn Stunden arbeiten, waren es in diesem pro Tag zweieinhalb Stunden weniger. In meinem Ärger über soviel verlorene Zeit meinte ich, daß die Deutschen offensichtlich doch fleißiger als andere Völker seien.

Man konnte nicht einmal Fotokopien anfertigen lassen, sondern mußte alles – ungemein zeitraubend! – handschriftlich aus den Akten übertragen. Die Benutzung einer Schreibmaschine war aus Rücksicht auf die anderen Benutzer nicht gestattet.

Dennoch konnte ich meine Arbeit beschleunigen. Die Lesesaalaufsicht, die in einem kleinen abgeteilten Raum hinter einem Glasfenster saß, war oftmals abwesend. Dies machte ich mir zunutze. Ich fragte sie, ob ich mich, wenn sie anderweitig beschäftigt war, an ihren Platz setzen und für mich wichtige Teile aus den Akten auf ein kleines Diktiergerät sprechen könne. Da mir dies erlaubt wurde, kam ich weit schneller als anderenfalls voran. Abends verbrachte ich in meinem Hotelzimmer stets mehrere Stunden damit, den tagsüber auf Band gesprochenen Text niederzuschreiben.

Den zeitlichen Aufwand für meine Archivarbeit hatte ich vollständig unterschätzt. Nicht, wie ursprünglich angenommen, ein Vierteljahr, sondern fast ein Jahr hatte ich archivalische Quellen gesichtet und die für mich wichtigen Dokumente zusammengetragen. Alle Studienangelegenheiten hatten sich zufriedenstellend entwickelt und waren so geblieben. Ebenso verhielt es sich während dieser mehrsemestrigen Zeit in meinem privaten Lebensbereich.

Geselliges Leben

In Leinestadt hatte ich nur wenige persönliche Kontakte gehabt. Im nachhinein bedauerte es mancher meiner ehemaligen Kommilitonen, den persönlichen Umgang nicht mehr gepflegt zu haben.

Jetzt war es anders. Zunächst lebte hier mein Vetter mit seiner Familie, die ich des öfteren besuchte. Außerdem wohnten ebenfalls hier alte Bekannte meiner Eltern, denen ich einen offiziellen Besuch abstattete. Hinzu kamen die Condoktoranden und weitere männliche wie weibliche Kommilitonen.

Bei der Assistentin, die mich gegen Ende des ersten Semesters „privat" eingeladen hatte, bedankte ich mich im darauffolgenden dadurch, daß ich sie und ihren Assistentenkollegen sowie zwei Condoktoranden zu einer Feuerzangenbowle einlud. Mehr Gäste ließ die räumliche Enge seines Zimmers nicht zu.

Die ersten verabschiedeten sich kurz nach Mitternacht, weil sie morgens um acht ihren Dienst anzutreten hatten. Endgültig endete der vergnügliche Abend erst nach einem ausführlichen Gespräch mit dem Condoktoranden, der mir so gute Auskünfte über die Hilfskraftstelle gegeben hatte, um zwei Uhr morgens.

Eine Gegeneinladung des Assistenten erhielt ich geraume Zeit später. Die nette Anderthalb-Zimmer-Wohnung, die dieser gerade bezogen hatte, war so geräumig, daß er ungefähr zwanzig Personen, zumeist Assistenten und Doktoranden, zu sich gebeten hatte. Obwohl getanzt wurde, zog ich es an diesem Abend vor, anregende Gespräche zu führen. Ich verabschiedete mich gegen halb zwei Uhr morgens, verwundert über meine Müdigkeit. Als ich mein Zimmer betrat, wiesen die Zeiger des Weckers auf halb vier. Erst jetzt bemerkte ich, daß meine Armbanduhr stehengeblieben war.

Immer wieder traf ich mich mit diesem oder jenem Condoktoranden, nicht nur, um mich fachlich auszutauschen, sondern auch, um anderes zu besprechen. Einer von ihnen war bereits einige Jahre im Höheren Schuldienst tätig und konnte sich daher eine Ferienreise nach Griechenland leisten. Weil er seiner Frau, wie er sich ausdrückte, möglichst viel „Wuchtiges" bieten wollte, erkundigte er sich bei mir nach Besonderem. Ich gab ihm etliche Tips, die sich vom Kunsthistorischen bis zum Kulinarischen erstreckten.

Mein universitärer Bekanntenkreis bestand aus Condoktoranden und Assistenten. Irgendwelche Kontakte mit den studentischen Hilfskräften hatte ich nicht. Nur einmal, gegen Ende der Erarbeitung meiner Dissertation, kam es mit einigen von ihnen zu einer kurzen Begegnung.

Den Assistenten, den ich sprechen wollte, hatte ich nicht in seinem Dienstzimmer angetroffen und fragte daher in dem Raum nach, in dem sich die studentischen Hilfskräfte aufhielten.

Deren Anblick wirkte nicht gerade positiv auf mich. Sie waren wohl nicht in der Lage, zwischen betont lässigem und laschem Verhalten zu unterscheiden, doch immerhin beantworteten sie, wenn auch ziemlich lümmelhaft, meine Fragen.

Da geschah etwas, das mich unwillkürlich an meine militärische Dienstzeit erinnerte.

Die Tür öffnete sich, und der Ordinarius trat ein. Augenblicklich verschwand jede tatsächliche oder auch nur gespielte Trägheit. Ähnlich wie Mannschaftsdienstgrade beim Erscheinen eines Vorgesetzten strammstanden, machten auch alle Hilfskräfte Männchen.

Zunächst beachtete sie der Ordinarius nicht weiter, sondern ging direkt auf mich zu, reichte mir mit freundlichem Lächeln die Hand und erkundigte sich nach etwas. Nachdem ich ihm geantwortet hatte, richtete er das Wort an die anderen. Als er gegangen war, gab man sich mir gegenüber höflicher als bisher.

Nachdem er den Raum verlassen hatte, empfand ich es unter einem ganz anderen Gesichtspunkt als bisher als richtig, daß ich seinerzeit die Hilfskraftstelle abgelehnt hatte. Wie wäre mir zumute gewesen, wenn ich mit solchen Leuten lange Zeit wöchentlich viele Stunden hätte zusammenarbeiten müssen!

Aus dem offiziellen Besuch, den ich bald nach meiner Ankunft alten Bekannten meiner Eltern gemacht hatte, entwickelte sich eine nähere Bekanntschaft, allerdings nicht – oder allenfalls bedingt – wegen ihrer erwachsenen Tochter. Obwohl sie bereits volljährig war, wohnte sie in einer hübschen Einliegerwohnung im stattlichen Haus ihrer Eltern. – Hier nun erlebte ich eine Familientragödie mit.

Obwohl Heidi nach ihrem Schulabschluß nicht studieren wollte, hatte sie ihr Vater für das erste Jahr ihrer Ausbildung in einem Studentenwohnheim in einer weit entfernten Universitätsstadt untergebracht. Die Absicht des gestrengen älteren Herrn, der noch völlig den alten gesellschaftlichen Wertvorstellungen verhaftet war, war ohne weiteres zu erkennen. Seine schöne Tochter würde junge Männer, angehende Akademiker, kennenlernen, und mit einem von ihnen würde sie, wie er erwartete, eine standesgemäße Ehe eingehen. – Doch was geschah!

Das junge Mädchen, das noch „von keinem Manne wußte", geriet bald an einen Orientalen, dem sie so sehr verfiel, daß sie ihm völlig hörig wurde. Vergeblich versuchten die verzweifelten Eltern, sie aus diesen Banden zu lösen, doch es wurde für sie immer schlimmer. Als die Folgen dieser Beziehung sichtbar wurden, konnten sie sich nicht mehr gegen eine Heirat wenden. Denn der Gedanke, daß ihre Tochter ein uneheliches Kind haben sollte, war ihnen vollends unerträglich.

Die Ehe scheiterte nach einigen Jahren. Erwartungsgemäß, könnte man sagen, wenn man den Aussagen einer bundesweit vertriebenen Tageszeitung Glauben schenkte. Unter Verweis auf Ausländerstatistiken hieß es, daß ungefähr 90 % bis 95 % der Ehen mit Männern aus insbesondere dem afrikanischen und asiatischen Raum geschieden würden.

Von der Scheidung erfuhr ich nur noch durch Hörensagen, und das weitere Ergehen der Familie blieb mir unbekannt. – Das eigentlich Tragische in diesem Geschehen sah ich darin, daß der Vater das Beste für sein Kind gewollt, doch das genaue Gegenteil erreicht hatte. Hätte er seine Tochter doch ihren eigenen Weg gehen lassen! Wenn sie ihr Leben selbständig hätte planen können, wäre es ihr vermutlich bei weitem nicht so schlimm ergangen wie durch die vorherbestimmende väterliche Maßnahme.

Dies alles ereignete sich erst geraume Zeit, nachdem ich die Bekanntschaft dieser Familie gemacht hatte. Anfänglich hatte Heidi heiter mitgefeiert, ebenso wie die im Nachbarhaus wohnende unbekümmerte Beate. Wenn ich mich an diese flotte Blondine erinnere, kann ich nicht umhin, ein Klassikerwort stets so umzuwandeln, daß es auf sie paßt, nämlich, daß sie beata lieber sein als heißen sollte.

Diese Beate verkörperte in so ziemlich allem das Gegenteil von Heidi. Freimütig vertrat sie ihren Standpunkt: „Ich habe Abitur gemacht. Ich studiere Medizin. Ich habe ein Auto. Ich kann überallhin, wohin ich will. Ich darf alles, was ich will – nur *das* soll ich nicht dürfen? Von wegen!“

Daher begann sie bereits im ersten vorklinischen Semester mit dem Erwerb einschlägiger Erfahrungen. Daß sie bei Abwesenheit ihrer Eltern ihre „Doktorspiele“ in deren Schlafgemach praktizierte, „übersahen“ die Nachbarn. Doch empfanden sie es als Zumutung, daß das „Fräulein“ – dem dies offenbar nichts ausmachte – im Verlauf des nächsten Vormittages bei ihnen auftauchte, um ein verspätetes Frühstücksbrötchen zu erbetteln.

Dies alles hörte ich allerdings erst nach und nach, zu einem Zeitpunkt, als die Beate bereits an eine andere Universität abgeschwirrt war. Zunächst verlief alles noch in so gemäßigten Bahnen, daß sie bei der „Heidi-Clique“, zu der noch einige weitere Studenten gehörten, mitmachen durfte.

Auch an dieser Alma mater wurde gefeiert, wenn auch distanziert. Eine Festlichkeit wie der Rektoratsball war nicht allgemein zugänglich. Er wurde offenbar als so hoch eingeschätzt, daß seinetwegen sogar die Sitzung des Oberseminars abgesagt wurde. Dessen Teilnehmer hatten jedoch keinen Zutritt. Diesen hatten nur diejenigen, die – wie der akademische Lehrkörper – schriftlich eingeladen worden waren.

Zu einem weniger „elitären“ Ball wie dem der juristischen Abteilung war allen erlaubt zu kommen. An ihm nahm ich mit der „Heidi-Clique“ teil. Das offizielle Programm, das mehrere Stunden dauern sollte, begann mit einstündiger Verspätung. Das, was geboten wurde, empfand ich zum Teil als schauerlich.

Es begann mit der Darbietung zweier Operettenmelodien. Obwohl ich solche gelegentlich gern höre, betrachtete ich sie hier als völlig deplaziert. „Wer uns getraut“ und „Machen wir's den Schwalben nach, bauen uns ein Nest“ bargen nun wirklich keine Inhalte, mit denen Studenten zu begeistern waren. Sie waren wohl alle unter dreißig Jahre alt, die Jüngsten, die Erstsemester, achtzehn. Wohl niemand von ihnen beschäftigte sich schon ernsthaft mit dem Gedanken an Heirat und Bau eines „Nestes“ – äh, Familienheimes.

Und dann die beiden ältlichen Sänger! Er war klein und verfettet, sie war hager und überragte ihn um Kopfeslänge.

Eine Szene ist mir besonders haftengeblieben: An einer Stelle, die der Liedtext gerade erforderte, verkrampfte sie ihre mageren Hände, legte den

Kopf zurück und warf dem Sänger einen Blick zu, der wohl schmachtend sein sollte.

Wäre ihr Auftritt als Parodie gedacht gewesen, hätte man ihn als voll gelungen bezeichnen müssen. Da er jedoch ernstgemeint war, wirkte er einfach lächerlich. Dennoch – höflichkeitshalber wurde ein wenig geklatscht.

Dann geschah etwas Unerwartetes. Ein Student – entweder ein junger Franzose, der hier studierte, oder ein deutscher Romanistik-Student – sang ein Chanson. Kaum hatte er seine schwungvolle Darbietung beendet, brach frenetischer Beifall los. Er sang erneut und mit gleichem Erfolg. Stürmisch wurde er aufgefordert, noch mehr vorzutragen, doch sein Repertoire war mit diesen beiden Liedern erschöpft. – Und das Sängerpaar? Ich blickte zu ihm hinüber und sah, wie es erbleichte.

Der als „Profi" vom Sender Rias Berlin vorgestellte Ansager war ein völliger Versager. Als er merkte, daß er mit seinen Geistlosigkeiten immer mehr durchfiel, versuchte er es mit einem schlüpfrigen Witz. Als auch das nichts half, fiel er vollständig aus der Rolle und beschimpfte das Publikum.

Von der Chanson-Einlage abgesehen, bewegte sich das ganze Programm auf dem Niveau – sofern man von einem solchen sprechen konnte – des Jahresfestes eines kleinbürgerlichen Spießervereins.

Dennoch amüsierten sich meine Clique und ich. Da in den zweieinhalb Stunden des offiziellen Programms nur drei Tänze möglich gewesen waren, konnte man nach dessen Beendigung endlich andauernd bis halb zwei Uhr morgens tanzen.

Danach zog die Clique zu Beate nach Hause. Dort überraschte sie ihre Eltern, die gleich mit Getränken und Gänseleberpastete anrückten. Außer dem Bier, das der Hausherr auf den Tisch stellte, spendierte er eine Flasche Gin. Ihrer bemächtigte ich mich, leerte sie jedoch nur so mäßig, daß zwei Drittel übrigblieben. Morgens um sieben war ich dann zurück.

Mit den „Ungebundenen" der „Heidi-Clique", zu der zunächst auch Beate gehörte, sowie mit anderen Studentinnen wie Claudia, Gisela, Sybille und ... doch warum sollte ich jetzt noch an sie alle denken? Es waren ja, wenn überhaupt, immer nur flüchtige Flirts gewesen, die rasch vorbei gewesen waren. Sie hatten keine tieferen Eindrücke hinterlassen und waren daher bald verblaßt.

Das galt, wie für alle anderen auch, ebenso für Claudia, nicht jedoch für eine bedeutsame Folge, die sich aus der Bekanntschaft mit ihr ergeben hatte.

Man traf sich nicht nur in Vorlesungen, sondern begegnete sich auch zufällig. Anders als bei Fräulein Schorfheide blieb es bei keinem unverbindlichen Gruß, sondern man unterhielt sich. So auch, als ich wieder einmal auf dem Weg zur Uni war, um zu arbeiten. Als ich Claudia dies sagte, meinte sie, das könne man auch im Wiesental tun. Ich ließ mich überreden, und wir spazierten dorthin. Gearbeitet wurde allerdings nicht.

Gespräche, Spaziergänge und Sonnenbäder bewirkten, daß ich sie zu einem Sektfrühstück einlud. Obwohl sie zu meinem Mißvergnügen eine halbe Stunde zu spät kam, verbrachten wir dann doch einen angenehmen Vormittag.

Sollte ich es bei einem unverbindlichen Flirt belassen oder nicht? Ich zögerte mit der Antwort, weil ich Claudia immer wieder in Gesellschaft ständig wechselnder Begleiter sah. Meine Entscheidung machte ich davon abhängig, wie ich sie bei nächsten Mal antreffen würde: allein oder nicht. – Sie war „bemannt“. Grußlos schritt ich an ihr vorüber. Auf eine nähere Bekanntschaft legte ich keinen Wert mehr.

Wie angemessen ich mich verhalten hatte, zeigte sich nur wenig später. Während irgendeiner Unterhaltung war das Gespräch irgendwie auf Claudia gekommen. Dabei entschlüpfte einem bereits verlobten Studenten die Bemerkung, daß er ihretwegen einen Treuebruch begangen hatte.

Nur einmal noch hatte ich Claudia aus der Ferne erblickt. Ich befand mich mit Heidi auf dem Weg zur Universitätsbibliothek, um sie ihr zu zeigen. Da sah ich Claudia nahen. Als sie herankam und mich erkannte, bog sie nach einem giftigen Blick auf meine schöne Begleiterin abrupt in einen anderen Weg ein.

Welches nun war die bereits angedeutete gewichtige Folge aus dieser rechtzeitig oberflächlich gebliebenen Bekanntschaft? Ich hatte für sie geschwärmt, sie schwärmte für Fontane, und so habe ich die Werke dieses Klassikers gelesen. Dies war das einzig Bleibende und Wertvolle aus ein paar Treffen, die ich bald vergessen hatte.

Von meinen gelegentlichen Sektfrühstücken wollte ich jedoch nicht lassen, vor allem dann nicht, wenn ich auf diese Weise eine Kommilitonin wie

Gisela näher kennenlernen konnte. Ich wußte, wo sie wohnte, und suchte sie daher eine Woche vor dem beabsichtigten Treffen auf. Für den Fall, daß ich sie nicht antraf, hatte ich vorsichtshalber einen Piccolo mitgenommen, der sinnigerweise in einem Karton mit roten Rosen verpackt war. Diesen stellte ich ihr vor die Tür, da sie tatsächlich nicht zu Hause war. Auf der beigefügten Visitenkarte (im verschlossenen Umschlag, damit keine der möglicherweise „interessierten" Nachbarinnen in Versuchung geriet nachzuschauen) lud ich sie ein. Den Anlaß ließ ich unerwähnt.

Obwohl sie nicht reagiert hatte, ging ich davon aus, daß sie kommen würde. Ich hielt sie für zu höflich, um ohne Absage fernzubleiben.

Am Einladungstag hatte ich alles rechtzeitig vorbereitet, doch sie erschien nicht. Nachdem ich fast eine halbe Stunde vergeblich gewartet hatte, ließ ich mir Schildkrötensuppe, Muscheln, Gänsepastete, Lachsschinken und Käse allein schmecken. Nach einem Schläfchen fuhr ich zu meinen Verwandten, bei denen ich einen angenehmen Nachmittag und Abend verbrachte.

Eine Woche später ergab sich die Gelegenheit, nach Ende einer Vorlesung die Dinge zu klären. Es stellte sich heraus, daß sie mich wegen eines technischen Defektes in der Rufanlage nicht erreicht hatte. Auf den Gedanken, das Wohnheim zu betreten, die Treppe oder den Fahrstuhl bis zu meiner Etage zu benutzen und dann an meine Tür zu klopfen, war sie wohl nicht gekommen.

Meine Einladung wiederholte ich nicht, zumal da der Anlaß für sie (mein Geburtstag) längst verstrichen war. So endete mit einem beiderseits unmutigen Gruß ein Kontakt, bevor er wirklich begonnen hatte.

Gelegentlich gab es eine kleine Überraschung. Eines Tages erhielt ich einen Teil der Semestergebühren zurück. Wenn man die Mindestzahl von Semestern hinter sich gebracht hatte, ermäßigte sich die Grundgebühr um die Hälfte. Diese vierzig Mark nahm ich als kleines Taschengeld für eine kunsthistorische Studienreise nach Sizilien. Dies war der letzte „Luxus", den ich mir bis zum Abschluß meines Studiums leistete.

An meinen Studienort zurückgekehrt, setzte ich sogleich meine Arbeit fort. Jetzt beschäftigte ich mich vor allem mit der Konzeption und ersten schriftlichen Entwürfen für meine Dissertation.

Während eines dieser Arbeitstage klopfte es spätnachmittags an meine

Tür. Ich öffnete und sah draußen einen blonden, etwas blassen Jüngling stehen. Dieser grüßte höflich und sagte dann: „Ich bin Ihr neuer Zimmernachbar und möchte mich Ihnen vorstellen." Von seinem Namen, den er dann nannte, war zunächst nur der Vorname Fernando zu verstehen.

Ich bat ihn, näherzutreten und in dem sperrigen Sessel, der einzigen Sitzgelegenheit außer dem Schreibtischstuhl, Platz zu nehmen. Nachdem er sich gesetzt hatte, begann er: „Ich komme aus Bremen. Ich bin heute frühzeitig abgefahren, weil ich mir nach meiner Ankunft einige Lebensmittel kaufen wollte. Nun mußte ich feststellen, daß hier heute Feiertag ist. Können Sie mir mit etwas Brot aushelfen?"

Das tat ich natürlich, und da ich noch etwas Aufschnitt und Käse dazugab, brauchte Fernando bei seinem Abendessen nicht zu darben.

Die Zimmernachbarschaft bedingte, daß man sich öfter begegnete. Allmählich ergab sich eine nähere Bekanntschaft. An einen amüsanten Vorgang erinnere ich mich besonders.

Eines Abends arbeitete ich nicht, weil es etwas zu feiern gab. Ich war zum Oberleutnant der Reserve befördert worden. Ich wollte ins Theater gehen, um mir eine Komödie Shaws anzusehen. Da die Vorstellung ausverkauft war, kehrte ich nach einem kurzen Stadtbummel zurück. Auf dem Etagenflur begegnete ich zufällig Fernando, der sogleich zu sticheln begann: „Schon zurück? Die beabsichtigte Festivität ist wohl ausgefallen?"

„Richtig – und dabei habe ich wirklich einen Grund für sie. Eigentlich wollte ich deswegen ein Glas Sekt trinken. Doch woher nehme ich den jetzt, um kurz vor zehn Uhr abends?"

Nachdem Fernando den Anlaß erfahren hatte, rief er aus: „Wenn's weiter nichts ist!" und stürzte davon.

„Was hat er vor?" fragte ich mich und betrat mein Zimmer. Ich brauchte nicht lange zu warten. Fernando kehrte rasch zurück – mit einer Flasche Sekt.

„Wo hast du denn die so schnell herbekommen?"

„Vom Kaufmann gleich um die Ecke. Als ich ihn herausgetrommelt hatte und er sich erkundigte, was ich wolle, sagte ich einfach: ‚Eine Flasche Sekt.'

Verblüfft fragte er mich: ‚Jetzt, mitten in der Nacht? Warum denn?'

‚Mein Kollege ist Vater geworden.'

‚So etwas weiß man doch vorher!‘

‚Sicherlich, aber in diesem Falle ist das Ereignis eine Woche zu früh eingetreten.‘

‚Nun, wenn das so ist …‘ Der Kaufmann ging in seinen Laden und kam mit der Bouteille zurück. Hier ist sie.“

Ich bedankte mich, schaute sie an und schmunzelte. „Entweder hat dir der Kaufmann deine Geschichte abgenommen, oder er ist ein Schalk oder beides.“ Dabei zeigte ich Fernando das Etikett, das dieser bisher nicht beachtet hatte. Als er einen Blick auf es warf, begann er zu grinsen. Er hatte eine Flasche der Marke „Söhnlein“ erhalten. – Die meist heiteren Gespräche, die nun folgten, endeten erst um vier Uhr morgens.

Immer wieder kam es vor, daß man – ich fühlte mich manchmal an meine Aktivenzeit erinnert – bis in die frühen Morgenstunden Probleme wälzte. Diese Diskussionen endeten zum Ende des Semesters, weil Fernando nach Frankreich ging, um dort ein Jahr zu studieren. Dennoch riß die Verbindung nicht ab.

Während der Semesterferien, in denen Fernando noch zu Hause in Bremen war, wurde ich auf die Truppenschule dort zum Chef-Lehrgang einberufen. Als Fernando davon erfuhr, versuchte er zunächst vergeblich, mich in einer der Kasernen zu erreichen. Als er dann von meinen Eltern die Adresse telefonisch erfragt hatte, tauchte er in dem Kasino auf, in dem ich gerade zu Abend aß, und lud mich zu sich nach Hause ein.

Da seine Eltern und die ältere seiner beiden Schwestern verreist waren, bewohnten er und seine Lieblingsschwester Sybille zur Zeit allein das Haus. Bei der Begrüßung machte sie – ebenso wie dann bei der Verabschiedung – einen tiefen Knicks. – Gewiß, ich war ein volles Jahrzehnt älter als das junge Mädchen, doch eine solche Höflichkeitsbezeugung überraschte mich.

Der Unterschied zwischen dem Verhalten dieser wohlerzogenen Professorentochter, nicht nur bei der Begrüßung, einerseits und dem Gebaren solcher „Alptraumfrauen“ wie Beate und Claudia andererseits trug dazu bei, daß wir zu dritt einen netten Abend verlebten.

Es blieb nicht bei diesem einen. Ein anderes Mal zogen wir, wiederum zu dritt, los. Nach einem ganz kurzen abendlichen Stadtbummel tranken wir zunächst im „Ratskeller“, in dem mir die Priölken besonders gut gefielen, ein Viertel Wein – zuwenig, um bereits in Phantasien im Sinne Hauffs zu verfallen. Dann nahmen wir in einem anderen, sehr schönen Lokal das Abendessen ein. Ich delektierte mich an einem halben Hummer. Nach einem Mocca im „Schnoor 2“ gab es in einer Bar ein letztes Gläschen, d. h. ein offizielles. Bei ihnen zu Hause tranken wir dann bis zwei Uhr früh noch ein Schlückchen.

Da Fernando begreiflicherweise nicht mehr Auto fahren wollte, versuchte er, ein Taxi zu bestellen. Aus irgendeinem Grunde gelang ihm dies nicht, und ich übernachtete bei ihnen in einem der gerade leerstehenden Zimmer.

Am nächsten Morgen erschien ich natürlich pünktlich zum Dienst, doch welch ein Hallo gab es, als ich erst in aller Frühe eintrudelte! Über meine außerhäusig verbrachte Nacht bekam ich die wildesten Vermutungen zu hören, doch das Frotzeln der Kameraden berührte mich nicht – war es doch nur einer der mich anwidernden Fälle, in denen denkbar Harmloses durch grenzenlose Phantastereien zu etwas „Delikatem“ aufgebauscht wurde.

Nachdem Fernando aus Frankreich zurückgekehrt war, wurde die Bekanntschaft erneuert. Dennoch sah man sich nur noch selten, weil er nicht wieder im Studentenwohnheim wohnte, sondern sich eine Wohnung gemietet hatte. Diese war mit öffentlichen Verkehrsmitteln nur schwer zu erreichen. Jedoch nicht dies war der Hauptgrund für die spärlich gewordenen Begegnungen, sondern etwas ganz anderes. Er war nämlich nicht allein, sondern mit seiner Frau fürs Leben zurückgekehrt.

Traf man sich gelegentlich, gab es immer wieder heitere Situationen. Eines Tages unterhielt man sich aus irgendeinem Grunde über Wale. Mireille kannte dieses Wort noch nicht, andererseits war niemandem die französische Bezeichnung geläufig. Daher wurde versucht, ihr das Tier zu beschreiben. Jemand streckte den Arm waagerecht aus und zeichnete mit geradem Zeigefinger die Umrisse eines Pottwales in die Luft. Dies geschah so genau, daß sie ausrief: „Ah, je comprend! Un Moby Dick.“

Auch mein Leibbursch und bald danach mein alter Kamerad und Leibfuchs Peter Quedlin hatten inzwischen geheiratet; ich war sein Trauzeuge. Überhaupt wurde ich während der Schlußphase meines Studiums zu etlichen Verlobungs- und Hochzeitsfeiern eingeladen. Ich erlebte sie in unterschiedlichen Rahmen.

Die traditionelle Form wurde mit dem Polterabend und tags darauf mit der zunächst standesamtlichen und dann der kirchlichen Trauung begangen. Auf sie folgten das Festbankett und der Hochzeitsball mit vielen fröhlichen Einlagen.

Andere Ehewillige hatten die Zeremonie auf die standesamtliche Trauung beschränkt. Je nach individueller Planung schloß sich ein Festessen an, bevor sich die Neuvermählten zurückzogen, oder es gab einen Empfang.

Die leere Zeit zwischen dessen Ende und dem Beginn der Kaffeetafel, zu der weitere Gäste erwartet wurden, überbrückten die bereits anwesenden durch einen ersten Besuch der Bar. Nach dem Kaffee stürzte man sich auf das kalte Buffet. Speisen und Getränke waren gleichermaßen so üppig und schmackhaft, daß die – bei einem Hochzeitsmenü gebotene – Rücksichtnahme auf eine Tischdame oder einen Tischherrn nur hinderlich gewesen wäre. Und da der Champagner munter weiterfloß, wurde bis in die frühen Morgenstunden gefestet. Selbst dann, wenn es vorgesehen gewesen wäre, wäre niemand auf den Gedanken gekommen zu tanzen.

Wer ohne Kenntnis des Anlasses auf eine solche Fête geraten wäre, hätte wohl nicht den Grund für sie erraten. Er hätte sie vermutlich nur für eine monströse Cocktailparty anläßlich irgendeiner der üblicherweise gefeierten Jubiläen aus beruflichem oder privatem Anlaß gehalten.

„Wie unterschiedlich man doch ‚den schönsten Tag des Lebens' begehen kann", dachte ich, als ich die verschiedenen Arten, Hochzeit zu feiern, miteinander verglich. „Nun, auch hier gilt: Chacun à son goût. – Wie schön, daß ich meistens Gast auf traditionell gefeierten Hochzeiten gewesen bin. Jedoch" – meine Gedanken nahmen eine andere Richtung – „so sehr sich die Abläufe voneinander unterschieden haben, in einem Punkt haben sie sich geglichen. Alle Brautpaare haben erst dann geheiratet, nachdem sie ihre Ausbildung abgeschlossen hatten."

Gelegentlich nahm ich auch an Zusammenkünften von Korporationen teil. Herausgehobene Veranstaltungen wie einen Festkommers besuchte ich nur nach entsprechender Einladung. Zu den Stammtischen ging ich, wenn überhaupt, sehr selten. Meine Hauptbeschäftigung war nun einmal meine Arbeit. Wenn ich mich durch Gesellschaft ablenken wollte, hatte ich einige andere Möglichkeiten.

Beim Zusammensein aus besonderem Anlaß traf ich wegen der stets recht großen Teilnehmerzahl meistens Altherren-Corpsbrüder, die in der Umgebung wohnten. Mit ihnen und anderen Gästen kam es immer wieder zu einem regen Gedankenaustausch. Dazu bot bereits die Festrede oft genug Anlaß. Bei einem groß aufgezogenen Verbändekommers hielt sie der Rektor der Universität. Seine sehr kritische Rede wurde, wie ich vermutete, von einigen Alten Herren bestimmt nicht begeistert aufgenommen.

Magnifizenz meinte zwar, daß die Korporationen eine Zukunft haben könnten, doch nannte er zugleich die Gefahren für sie. Diese seien Traditionalismus, eventuelles Vorhandensein einer sozialen Ungleichheit und Ämterpatronage. Er forderte sie auf, an der Elitenbildung mitzuwirken, ihre Mitglieder zu politischer Verantwortung zu erziehen sowie eine Gesinnung zu pflanzen und zu pflegen, die nicht Macht, sondern Dienst und Verantwortung als erstrebenswert erachtet.

Ferner ermahnte der Rektor die Korporationen, sich anderen gegenüber offenzuhalten und mit Studentengruppen jeder anderen Art zusammenzuarbeiten, auf niemanden herabzusehen und auch gegenüber Studenten aus anderen Ländern aufgeschlossen zu sein. Man erlebe, wie er sich bedenklich äußerte, doch immer noch – oder schon wieder – die sanften, aber spürbaren Fesseln, die den Jungen von den Alten Herren angelegt würden. Das dürfe auf keinen Fall sein.

An letzteres knüpfte der Senior eines ortsansässigen Corps an, der neben mir saß. Manches im Verband würde, wie er mit bitteren Worten sagte, besser sein, wenn es in ihm nicht manche reaktionäre Kraft geben würde. Diese benannte er mit Namen, zu denen auch derjenige AH Carl Heinrichs gehörte.

Diesen kannte ich zu gut, als daß ich ihn so eingestuft hätte. Doch jetzt, zwischen zwei Liedern, war es vergeblich, seinem Kritiker dessen alte strenge Auffassungen von Corpsstudententum zu verdeutlichen oder gar verständlich zu machen. Vielleicht wäre dies sogar unmöglich gewesen, weil sie für viele Jüngere ein halbes Jahrhundert später nicht mehr nachvollziehbar waren und deswegen von ihnen abgelehnt wurden.

Wie illusorisch die Aufforderung des Rektors zur Zusammenarbeit mit allen anderen studentischen Gruppierungen war, zeigte sich bald darauf. In

Berlin war nicht nur kein Linksradikaler zum AStA-Vorsitzenden gewählt worden, sondern ein Angehöriger des Ringes Christdemokratischer Studenten. Und der war auch noch korporiert!

Hätte sich das, was sich deswegen dann an der Freien Universität abspielte, bereits vor der Rede des Rektors ereignet, hätte seine Forderung nach Zusammenarbeit aller studentischer Vereinigungen wie eine Selbsttäuschung gewirkt.

Die Erarbeitung der Dissertation

Nachdem ich meine Archivarbeiten abgeschlossen hatte, konzentrierte ich mich so sehr auf die Erarbeitung meiner Dissertation, daß ich alles andere dahinter zurücktreten ließ.

Abwechslungen wie eine Studienreise oder eine Wehrübung waren so zeitaufwendig, daß ich gänzlich auf sie verzichtete. Den Sommerfesten, die es alle drei, vier Wochen in den Studentenwohnheimen gab, blieb ich meistens fern. Aus meinen Anfangssemestern wußte ich noch deutlich genug, wie mühselig es war, nach einer durchfeierten Nacht gleich wieder ergiebig zu arbeiten. Auch meine Verwandtenbesuche schränkte ich aus arbeitszeitlichen Gründen ein. So gelangte ich ohne weiteres über wöchentlich fünfzig Arbeitsstunden hinaus.

Selbst im persönlichsten Dinge war ich unnachgiebig gegen mich selbst. Bald nach Beginn der Schreibphase hatte ich in einer Vorlesung meines Doktorvaters eine Kommilitonin gesehen, die mir weit besser als alle vorherigen gefiel. Sie hätte ich sehr gern näher kennengelernt. Dennoch verzichtete ich bewußt darauf, es zu tun. Meine Arbeit war mir wichtiger.

Dieser Entschluß ist mir damals schwergefallen. Mit Blick auf meine Arbeit ist er richtig gewesen, doch auch sonst? Was wäre gewesen, wenn sie „die Richtige" gewesen wäre?

Angenommen, ich hätte diese Bekanntschaft geschlossen: Dann hätte ich – zumindest zunächst – einen vermutlich nicht unerheblichen Teil meiner Zeit, den ich für meine Arbeit bestimmt hatte, für das Beisammensein mit ihr verwendet. Entscheidend wäre es gewesen, wie sich alles entwickelt hätte. Hätte ich mich geirrt, hätte ich Zeit verloren. Anderenfalls hätte ich gewonnen, und dies hätte anfeuernd auf mich gewirkt. Doch jetzt war es zwecklos, noch darüber nachzusinnen, ob ich richtig reagiert hatte oder nicht. Ich habe mich seinerzeit nun einmal anders entschieden.

Die Zeit, in der ich nicht schrieb, diente der Entspannung. Sie bestand im Lesen von Klassikern, einem gelegentlichen Theater- oder Kinobesuch, regelmäßigem Schwimmen, oft mehrstündigen Spaziergängen, Waldläufen oder einem guten Essen an einem Wochenende.

In Abschnitten von mehreren Dutzend Seiten legte ich meinem Doktorvater meine ersten Entwürfe vor. Daß ich auf ihre Besprechung oft mehrere Monate warten mußte, empfand ich bald als ungemein störend. Zunächst machten sich diese zeitlichen Verzögerungen nicht sonderlich bemerkbar, weil ich immer weiter und weiter schrieb. Dennoch verstimmten sie mich allmählich so, daß das anscheinend wesensmäßig bedingte Verhalten Rudolphs problematisch auf mich zu wirken begann.

Wie sollte es werden, wenn die Endfassung eingereicht sein würde? – Nun, erst einmal mußte es soweit sein. Dann würde ich schon einen Weg finden, um nicht „endlos" warten zu müssen. Vorerst war es mir wichtig, daß ich mit meinem ersten Gesamtentwurf so schnell vorankam, wie ich es geplant hatte.

Allmählich begannen sich die einzelnen, von Rudolph immer länger liegengelassenen Teile zu häufen. Trotz – oder vielmehr gerade wegen – der langen Wartezeiten übergab ich ihm gleich nach der Fertigstellung den nächsten Teil. Diese Taktik bewährte sich. Letztendlich veranlaßte sie Rudolph, mit der Durchsicht zu beginnen. War eine der nun beginnenden Besprechungen beendet, erhielt er sofort den gerade erarbeiteten neuen Teil, der sich an die bereits vorliegenden, aber noch nicht diskutierten Ausarbeitungen anschloß.

Bereits bei der ersten dieser Sitzungen hatte Rudolph festgestellt, daß ein zu umfangreiches Textstück nicht gründlich genug erörtert werden konnte. Da er aber gerade dies sehr genau machte, wollte er die Arbeit abschnittsweise durchgehen – und, wie ich im stillen hoffte, schnell.

Dieser unausgesprochene Wunsch bezog sich nur auf das Tempo der Lektüre der Arbeit, keineswegs auf die inhaltsbezogenen Aussprachen. Diese waren durchweg so präzise, daß mir mein Doktorvater wirklich eine wissenschaftliche Betreuung angedeihen ließ.

Mir stellte sich eine andere Frage. Soviel ich bereits zu Papier gebracht hatte, sowenig konnte ich etwas über die Fertigstellung der gesamten Arbeit sagen. Ich wollte das umfangreiche Material, das ich zusammengetragen hatte, vollständig verwerten. Deswegen ließ sich nicht abschätzen, wie lange es dauern würde, bis ich alles erarbeitet hatte und den Gesamttext vorlegen konnte.

Vorzeitig wollte ich allerdings nicht zu Ende kommen. Da ich für die Sichtung und Aufbereitung der Archivalien viel Zeit benötigt hatte, wollte ich jetzt nichts unbeachtet lassen. – Sollte ich es dennoch tun, um früher endgültig fertig zu werden? Nein, dazu war der geistige, zeitliche und finanzielle Aufwand zu groß gewesen!

„Die Anfechtung, verfrüht aufzuhören“, dachte ich, „dürfte so manchen heimgesucht haben. Auch wenn der Gedanke, etwas Unausgereiftes vorzulegen, unbedacht ist und daher keiner klaren Überlegung standhalten kann, so ist er doch nicht ganz unverständlich. Er entspringt dem niederdrückenden Gefühl, daß trotz des ständigen Arbeitsaufwandes nicht zu erkennen ist, wann das Manuskript endlich zufriedenstellend abgeschlossen werden kann. – Nun, ich habe diese Belastung überwunden, nicht zuletzt durch den verständnisvollen Zuspruch meiner Eltern.“

Dankbar erinnere ich mich an ihre Auffassung, daß mich auf keinen Fall eine längere Ablieferungsfrist daran hindern dürfe, vorzeitig aufzuhören. Ich werde schon wissen, wann ich dies könne; denn ich brauche wahrhaftig nicht unter Zeitdruck den Rest zu verflachen. Solchermaßen ermuntert, schrieb ich wieder unverdrossen weiter.

Unterbrechungen meiner Arbeit erlaubte ich mir nur dann, wenn sie durch einen Anlaß gerechtfertigt waren, wie Geburtstage der Eltern und enger Verwandter, Übernahme einer Taufpatenschaft oder Trauzeuge anläßlich der Hochzeit meines Freundes Peter Quedlin.

Außerdem hielt ich es für zulässig, die Tage um die hohen Kirchenfeste immer wieder für Aufenthalte im Elternhaus zu nutzen. Sie kamen mir viel länger vor, als sie es zeitlich waren. Das lag wohl an den Gesprächen, den Mahlzeiten, den Spaziergängen, kurz an der gesamten anheimelnden häuslichen Atmosphäre. Alles empfand ich als sehr schön und gewann stets eine befreiende Distanz zu meiner täglichen Arbeit.

Endlich war diese abgeschlossen. Nun lag das gesamte Manuskript bei meinem Doktorvater und wartete darauf, vollständig durchgesehen und besprochen zu werden. Ich erinnerte mich an meine Erwägung, meine Arbeit vorzeitig zu beenden. Jetzt war ich sehr zufrieden, daß ich sie so geschrieben hatte, wie ich es mir vorgenommen hatte. Danach sollte sie, wie ich es von Anfang an eingeplant hatte, so überarbeitet werden, daß sie nach ihrer Reinschrift der Fakultät eingereicht werden konnte.

Auch wenn ich an einem Hauptseminar desjenigen Zeithistorikers teilnahm, der der Zweitkorrektor meiner Dissertation werden sollte, nahm ich mir jetzt gelegentlich wieder Zeit zum Feiern.

Zunächst war ich Gast. Fernando hatte mich zu seiner Examensfeier eingeladen. Es war die letzte gemeinsame Fête. Gleich danach zog er mit seiner Frau in eine weit entfernte Stadt, um dort seinen Beruf auszuüben. Ich hörte nie wieder etwas von ihm.

Dann war ich selbst Gastgeber. Ich hatte ein Dutzend Condoktoranden und Oberseminaristen zu einer Feuerzangenbowle eingeladen. Zunächst wurde unter vielem Gelächter gerätselt, was die einzelnen machten. Nach der zweiten Füllung ebbte das Stimmengewirr ab, weil ich einen Imbiß reichte. Nach der vierten und letzten Füllung gingen die ersten um ein Uhr morgens, der nächste Schub folgte eine Stunde später. Dann, in den frühen Morgenstunden, begannen ernste Diskussionen, die bis nach fünf Uhr dauerten.

Vor allem waren die – einschließlich wir vier „Rudolphiner“ – Doktoranden gespannt, wie der erste aus unserem Kreis sein Rigorosum bestehen würde. Da es in wenigen Tagen stattfinden sollte, war er jetzt nicht dabei. Vielleicht sei, sinnierte einer, Rudolph aufgeregter als der Prüfling, weil er zum erstenmal im Hauptfach prüfe. – Es ging alles gut. Mit der Gesamtnote cum laude wurde das Promotionsverfahren abgeschlossen. Ich konnte dem Erfolgreichen gleich gratulieren, weil ich ihn gerade traf, als er nach der Prüfung aus der Universität kam.

Mit dessen Dissertation war Rudolph, wie er mir gegenüber eine Zeitlang später äußerte, nicht recht zufrieden gewesen. Sie sei nicht genügend durchgearbeitet und durch zu viele Zitate aufgeschwemmt worden. Er hoffe, daß dies bei meiner Arbeit nicht der Fall sein, sondern daß sie besser werde.

Nun, darum bemühte ich mich ja, indem ich die Erstvorlage anhand der ausführlichen kritischen Besprechungen intensiv überarbeitete. Wenn mir alles nach Wunsch gelang, rechnete ich mit einer besseren Gesamtnote als der, die der andere erhalten hatte. Um sie zu erlangen, gehörten allerdings noch entsprechend gute Noten aus den mündlich geprüften Begleitfächern dazu.

Mit der Überarbeitung ging es so zügig voran, daß ich sehr zufrieden war und zu überlegen begann, wo ich ihre Reinschrift machen lassen konnte. Ich brauchte mich nicht lange zu erkundigen. Es gab etliche Sekretärinnen, die – gegen entsprechendes Entgelt – an der Übernahme von Schreibarbeiten interessiert waren, die sie während freier Zeiten in ihrem Tagesablauf erledigen konnten.

Mitten in der vorlesungsfreien Zeit – Semesterferien gab es für mich längst nicht mehr – war die Reinschrift meiner Dissertation beendet. Gleich wollte ich sie der Fakultät, d. h. den beiden Korrektoren, vorlegen, obwohl ich davon ausging, daß sie sie während ihres Urlaubes sicherlich nicht lesen würden. Dennoch tat ich es, und zwar aus einem psychologischen Grund. Lag sie des längeren ungelesen vor, hatte ich zwar mehr Zeit für meine Vorbereitungen auf das Rigorosum, konnte aber zugleich auf einen früheren Prüfungstermin drängen.

Nach der Abgabe fuhr ich für eine Woche nach Hause und verlebte dort schöne, geruh- und erholsame Ferientage. Nun würde ich, wie ich meinen Eltern herzlich dankend schrieb, gut gerüstet in den Endspurt gehen, hätte ich doch für diesen während der Zeit bei und mit ihnen so richtig Kraft und Reserven gesammelt.

Auch wenn ein Prüfungstermin noch nicht feststand, plante ich bereits für die darauffolgende Zeit. Ich wollte mich bei einem historischen Institut als wissenschaftlicher Mitarbeiter bewerben. Das konnte ich allerdings erst nach bestandenem Examen tun. Ich rechnete damit, daß es in ungefähr einem Vierteljahr, nachdem ich meine Arbeit eingereicht hatte, stattfinden würde.

Danach wollte ich die Zeit, in der meine Bewerbung lief, zumindest teilweise durch eine Wehrübung überbrücken. Sie sollte dieses Mal länger dauern als die üblichen vier Wochen, weil nicht absehbar war, wann über mein Stellengesuch befunden wurde. Außerdem konnte ich durch eine Verlängerung die Mindestdienstzeit erreichen, die eine der Voraussetzungen für die nächste Beförderung war.

Zunächst galt es, einen baldigen Prüfungstermin zu erhalten. Danach sah es jedoch nicht aus. Während der Zweitkorrektor bereits die ganze Arbeit gelesen hatte, hatte mein Doktorvater mit ihrer Lektüre noch nicht einmal begonnen. Daher wandte ich eine Kriegslist an. Scheinbar aufgelöst, trug ich ihm vor, daß ich bald mit einer Einberufung rechnen müsse. Und siehe da: Rudolph sicherte mir zu, daß er bereits am nächsten Wochenende anfangen würde zu lesen. Er würde die Dissertation so rechtzeitig begutachten, daß ich nicht in Schwierigkeiten geraten würde. Dafür sorgte er dann tatsächlich, wenn auch immer nur auf den letzten Drücker.

Wenn ich nicht mit der Wehrübung getrickst hätte, hätte ich länger – wie lange?! – warten müssen, bis meine Dissertation die vorgeschriebenen drei Wochen in der Fakultät ausgelegt werden konnte. So aber war es mir gelungen, fast vier Monate nach Abgabe ins Rigorosum gehen zu können. An die Vorbereitungszeit insgesamt erinnere ich mich nicht mehr, um so mehr jedoch an deren letzte Tage.

Das Rigorosum fand an zwei Terminen statt, weil einer der Professoren noch vor dem zunächst festgelegten einen Prüfungstag aus dringenden Gründen ins Ausland reisen mußte. Deswegen wurde ich zuerst, sozusagen vorzeitig, in dem einen meiner beiden Begleitfächer geprüft. Alles verlief so gut, daß der anwesende Dekan anschließend meinte, es habe fast gar nicht besser sein können.

Damit hatte ich die erste Hürde für ein gutes Gesamtergebnis genommen. Denn dieses setzt sich aus der Bewertung der Dissertation und der drei mündlichen Prüfungen zusammen.

Nach dem verheißungsvollen Auftakt war ich frohen Mutes, auch in den beiden anderen Fächern ebenso gut abzuschneiden. Ein wenig Bedenken hatte ich freilich hinsichtlich der Prüfungszeit im Hauptfach. Eine volle Stunde erschien mir beachtlich lang. Doch, was half's? Es mußte bewältigt werden.

Auf den ersten Prüfungstag mit seinem schönen Wetter folgten zwei regnerische, trübe Tage. Ich nutzte sie, um letzte Hand anzulegen. Für das zweite Begleitfach hatte ich noch ein Dutzend Bücher durcharbeiten wollen, doch dieses Unterfangen war wegen der noch verfügbaren Zeit illusorisch geworden. Daher legte ich den ganzen Buchbestand zunächst nebeneinander und sonderte dann das aus, was thematisch eher am Rande lag. Ein Buch blieb übrig. Nachdem ich mich im Inhaltsverzeichnis orientiert hatte, las ich ganze vier Seiten. Damit endeten meine Vorbereitungen.

Ich ging ins Freie. Ich hatte nicht vergessen, wie unausgeglichen ich im Philosophikum gewesen war und welche schlechten Noten ich eingeheimst hatte. Kräftig ausschreitend, bewegte ich mich zwei Stunden lang durch Nebelnässe und Dunkelheit. Erfrischt kehrte ich zurück und legte mich gleich zur Ruhe. Nach zehnstündigem tiefem traumlosem Schlaf erwachte ich völlig ausgeruht. Hellwachen Sinnes ging ich zur alles entscheidenden Prüfung.

Zunächst hatte ich mich im zweiten Begleitfach zu stellen. Zwar beantwortete ich die ersten beiden Fragen richtig, doch ging es noch ein wenig holprig. Dann wurde mir die dritte Frage gestellt. Sie berührte inhaltlich gerade diejenigen vier Seiten, die ich tags zuvor gelesen hatte! Da bekam ich Oberwasser und sprudelte los. Nun lief alles so glatt, wie ich es mir nur wünschen konnte.

Die gleich darauffolgende Prüfung im Hauptfach verlief ebenfalls einwandfrei. Gegen deren Ende hatte mir der Dekan, der während der ganzen Zeit anwesend gewesen war, drei Fragen gestellt. Diese bezogen sich zwar auf keines der drei Themen, auf die ich mich vorbereitet hatte, doch ungeachtet dessen beantwortete ich sie allesamt richtig. Damit machte ich zum Schluß nochmals einen guten Eindruck. Dann wurde ich entlassen.

Nach einiger Zeit wurde ich wieder ins Prüfungszimmer gerufen. Mir wurde eröffnet, daß ich das Examen mit der Gesamtnote magna cum laude bestanden hatte. Nachdem mir gratuliert worden war, wurde in gelöster Stimmung noch ein wenig geplaudert.

Als sich mein Doktorvater eine Zigarette anzünden wollte, entflammte ich ein Streichholz mit den Worten: „Jetzt, Herr Professor, kann ich Ihnen Feuer geben." Streng blickte Rudolph mich an, schwieg jedoch. Er hatte wohl Verständnis für diese Reaktion, auch wenn sie ihm als etwas unbotmäßig erscheinen mochte.

Die Sonne am leuchtend blauen Himmel konnte kaum mehr strahlen, als ich es innerlich tat. Frohgemut eilte ich zur nächsten Telefonzelle, um zu Hause anzurufen. Mein Vater meldete sich. „Gott sei Dank, Vater, ich habe es geschafft!" lautete das dankbare Wort, mit dem ich meinen Eltern den erfolgreichen Abschluß meines Studiums mitteilte.

Dann schlenderte ich zurück. Auf meiner Bude angekommen, trank ich ein Glas Champagner und streckte mich dann auf meiner Liege aus. Nachdem ich mich etwas ausgeruht hatte, besuchte ich meinen Vetter Georg, um im Verwandtenkreis zu feiern. Tags darauf fuhr ich frohen Herzens nach Hause.

Schlußbemerkung

Auch wenn ich weiterhin immer wieder dorthin zurückkehren würde, würde es nicht mehr so lange wie früher sein können. Um so schöner war es, daß ich es mir hier – ein letztes Mal ausgiebig – wohl sein lassen konnte.

Ich würde, wie ich meinte, meinen heimatlichen Aufenthalt nur kurz zu unterbrechen haben. Ich rechnete nämlich damit, daß ich noch einmal an meinen ehemaligen Studienort zurückkehren würde, um die Promotionsurkunde in Empfang zu nehmen. – Es geschah nichts, selbst dann nicht, nachdem ich den Druck meiner Dissertation als gesichert nachgewiesen hatte.

Als ich eines Tages – ich war bereits etliche Monate berufstätig – nach getaner Arbeit zurückkam, sah ich schon von ferne einen großen Umschlag an einem seiner Ecken aus meinem Briefkasten hängen. Er enthielt das Original meiner Promotionsurkunde. – O tempora, o mores!

Die 1966 gegründete Reformuniversität hielt sich offenbar für so modern, daß sie die feierliche Übergabe einer solchen Urkunde anscheinend als „alten Zopf" betrachtete und sie deswegen unterließ. Sie schien wohl deren – in denkbar stilloser Form erfolgte – Zustellung als hinreichend zu erachten.

Da es kein offizielles Bild des doctor philosophiae gibt, tritt an dessen Stelle eine Ablichtung der Promotionsurkunde.

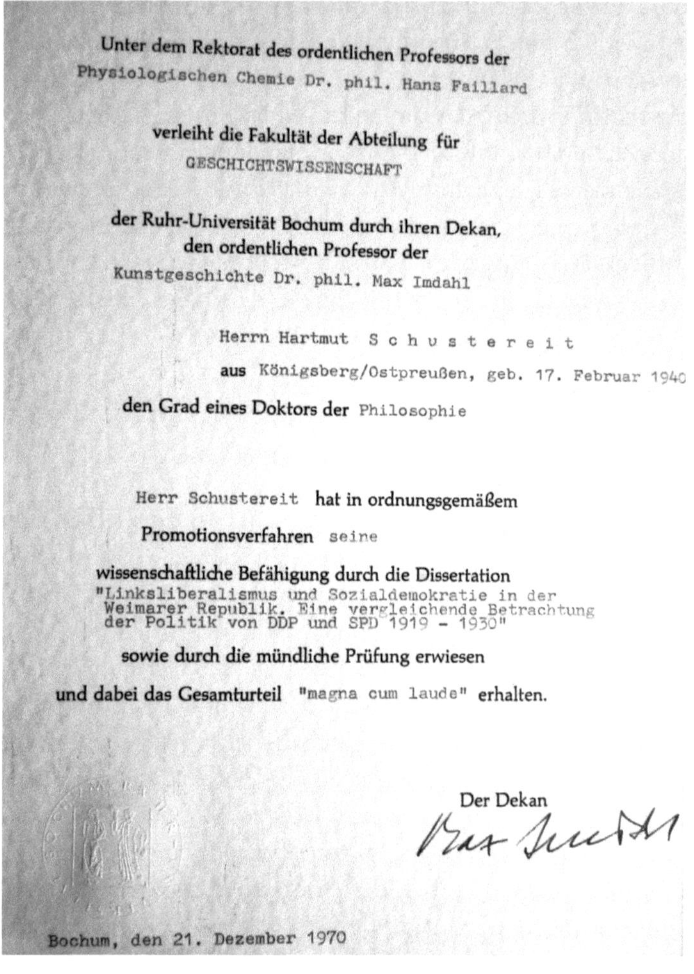

Unter dem Rektorat des ordentlichen Professors der
Physiologischen Chemie Dr. phil. Hans Faillard

verleiht die Fakultät der Abteilung für
GESCHICHTSWISSENSCHAFT

der Ruhr-Universität Bochum durch ihren Dekan,
den ordentlichen Professor der
Kunstgeschichte Dr. phil. Max Imdahl

Herrn Hartmut Schustereit
aus Königsberg/Ostpreußen, geb. 17. Februar 1940

den Grad eines Doktors der Philosophie

Herr Schustereit hat in ordnungsgemäßem
Promotionsverfahren seine
wissenschaftliche Befähigung durch die Dissertation
"Linksliberalismus und Sozialdemokratie in der Weimarer Republik. Eine vergleichende Betrachtung der Politik von DDP und SPD 1919 - 1930"
sowie durch die mündliche Prüfung erwiesen
und dabei das Gesamturteil "magna cum laude" erhalten.

Der Dekan
Max Imdahl

Bochum, den 21. Dezember 1970

Die Zeit bis zum Berufsbeginn hatte ich teilweise mit meiner Chef-Übung und – nach etlichen Jahren – mit einer Studienreise durch die iberische Halbinsel ausgefüllt. Anschließend war ich wohlgemut ins Berufsleben aufgebrochen. Als ich dann die Promotionsurkunde vorlegte, konnte ich nun auch dienstlich meinen akademischen Titel führen.